U0830864

全国中小学有效教学模式指导丛书

丛书主编 **赵亚夫**

CHUZHONG KETANG
YOUXIAO JIAOXUE MOSHI

初中课堂
有效教学模式

王海燕 卢慕稚 主 编 **夏胜先 郑宏生** 副主编

北京师范大学出版集团
BEIJING NORMAL UNIVERSITY PUBLISHING GROUP
北京师范大学出版社

图书在版编目(CIP)数据

初中课堂有效教学模式/王海燕，卢慕稚主编．—北京：北京师范大学出版社，2014.7(2014.8 重印)
(全国中小学有效教学模式指导丛书)
ISBN 978-7-303-12854-9

Ⅰ.①初… Ⅱ.①王… ②卢… Ⅲ.①课堂教学—教学研究—初中 Ⅳ.①G632.421

中国版本图书馆 CIP 数据核字(2014)第 052783 号

营销中心电话 010-58802181 58805532
北师大出版社高等教育分社网 http://gaojiao.bnup.com
电子信箱 gaojiao@bnupg.com

出版发行：北京师范大学出版社 www.bnup.com
北京新街口外大街 19 号
邮政编码：100875
印 刷：北京中印联印务有限公司
经 销：全国新华书店
开 本：170 mm×230 mm
印 张：9.5
字 数：183 千字
版 次：2014 年 7 月第 1 版
印 次：2014 年 8 月第 4 次印刷
定 价：18.00 元

策划编辑：李 志 责任编辑：戴 铁
美术编辑：焦 丽 装帧设计：小吴设计
责任校对：李 菡 责任印制：陈 涛

版权所有 侵权必究

反盗版、侵权举报电话：010—58800697
北京读者服务部电话：010—58808104
外埠邮购电话：010—58808083
本书如有印装质量问题，请与印制管理部联系调换。
印制管理部电话：010—58800825

全国中小学有效教学模式指导丛书
编　委　会

主　任　赵亚夫

编　委（按姓氏笔画排序）

丁邦平　马小为　马　宁　马金星　王庆军
王笃勤　王较过　王海燕　毛振明　方忻悟
石义堂　卢慕稚　白秀英　刘天才　刘加霞
刘琳娜　刘　慧　孙素英　李金云　李高峰
李家清　吴成军　吴俊杰　汪　峰　张汉林
张初平　张　强　岳中峰　庞彦福　郑宏生
郑　莉　胡　玲　施　萍　夏胜先　徐　杰
徐赐成　唐　斌　陶旭泉　黄燕宁　康维铎
雷　鸣

初中课堂有效教学模式

编　委　会

主　编　王海燕　　卢慕稚

副主编　郑宏生　　夏胜先

编　委（按姓氏笔画排序）

王　政　　王海燕　　卢慕稚

冯　雪　　李晓迪　　郑宏生

夏胜先

总 序

在很久以前，有一所为了应付新世界的变化，以造就英雄为教育目的的动物学校。教学目标便是克服所有动物与生俱来的缺点。为此，学校设置了跑、跳、爬、飞、游泳等课程，期望把每一种动物都培养成全能型动物。学校的办学理念是：大家都是英雄！谁也没有弱点！因此，每个进学校的动物都必须修完全部课程。

鸭子是游泳能手，飞行水平也就刚刚及格，跑的能力极差。于是，它必须拼命地加课以强化跑的技能，直到它把脚都跑烂了，跑的成绩仍长进不大。不过，学校认为，这个成绩还可以接受。但是，鸭子愈加担心，因为它可能再也没有什么可以骄傲的强项。

兔子是另一个类型。它跑得极快，可不会游泳。老师要它拼命地练习游泳，由于过度训练，最终导致它精神崩溃。

松鼠爬得飞快，却没有飞行的本领。老师不让它爬到树上，而是飞上树。在飞行课上，它一再受挫，使自己最后的一点自信也丧失了。同样的老师，还超负荷地训练了马，让马专注于爬行。结果，马在爬行课上勉强得了个C的成绩。然而，由于过度训练爬行，马最擅长的跑，成绩却是个D。

鹰是个问题学生。在爬行课上，它最终打败了所有对手立于大树的顶端。但是，取得这样的成绩，并不是老师教的——尽管老师总是对它严加管教，它却始终坚持自己的方法，才保持了骄人的成绩。

草原鼠没有上这所学校，因为学校没有打洞的课程。结果是，它们依然能够把自己的后代个个训练成专门打洞的能手。再后来，还创办了自己的私立学校。①

显而易见，动物学校是失败的。究其主要原因：一是它的教育目的和理念是空想的，以致教学无效；二是它的教学目标是学生不可能做到的，即便有低

① Fred Stopsky, Sharon Shockley Lee, Roy Tamashiro. *Social Studies in a Global Society*. Delmar Publishers Inc., 1994. 3

效的例子，也是耗费了太多的教育成本，本质上依然是无效教学。

要彻底告别动物学校，深挖学科教学内涵，提高教学质量，需要推进和实现有效教学。从操作的角度简单表述有效教学，可以用“简洁、多样、生成、意义”八字概括。“简洁”是指教学目标简单明了，该引导学生做什么、做到什么程度一目了然；教学设计结构明朗、层次清晰，怎样引导学生去做、做了或可发生的结果一目了然。“多样”是指营造开放的学习环境，引导学生多角度、多方面地进行探究活动。“生成”是指多样化的学习活动，理应促成学生的独立思考和自我建构，既然有效的教学活动的出发点和立脚点都在学生身上，教学活动本身就是引发学生提出问题和解决问题的过程。“意义”是指教学生成的结果是有意义的，即学生的进步或发展能够显见于他们的表现，既包括时下的外在行动，也包括潜在的内化过程。

我们强调把握有效教学的核心标准和操作规程，希望一线教师在实践中自我创新。为此，在编写体例方面，采用更适宜培训和自修的学习板块，帮助教师们对有效教学有更为整体的认识，以便自觉地去超越固有的教学观念，把教学中蕴含的行动智慧与力量还给学生。在编写方法方面，由问题切入、案例指引、策略运用、教学建议构成具体内容，以便教师们更容易从操作的层面理解有效教学。我们期望这套丛书，能够让教师们一看就懂、一用就灵。

我们对丛书编写强调“一个意图”和“三个视点”。

“一个意图”是为教师们“减负”提供一条途径。当然，“减负”不是不要学习，而是减去不必要的学习负担，包括各种有形的和无形的压力和无效工作，其目的是提高教学质量。为此，这套丛书力图做到：(1)精选问题和案例，尽可能减少教师们在探索有效教学过程中的困难，强化有效教学的核心观念；(2)纠正过度备课、过度使用资源和活动的现象，尽可能帮助教师们找到简便易行、效率高、效益好的办法进行教学；(3)理论结合实践，尽可能通过小文本读物呈现丰富且实用的内容，使之成为有学习价值的“备案图书”。

“三个视点”是“速成”“速立”“速用”。“速成”，即让教师们能够很快掌握有效教学原理；“速立”，即让教师们能够运用有效教学原理，进行有效的教学设计，做一个有效教师；“速用”，即让教师们能够运用各种有效的学习指导技能，完成学生的有效学习。

赵亚夫

2014 年 2 月 18 日

目录

CONTENTS

第一章
透视课堂
——初中课堂的有效教学意味着什么

引言：有效教学就是回归教学本质

曾经听到某中学一位主管教学工作的主任在电话中谈及当前的课堂教学，他充满疑惑地说："不知为什么，就是觉得我们的课堂不对劲儿。老师也组织小组合作了，也让学生发言了，也有学案的使用，可就是感觉教学没到点儿上啊？"的确，教学不仅需要形式，更需要有对于形式背后意义的理解和实现的过程。

曾经看过这样的课堂：教师背对学生面向黑板，一边板书一边要求学生"请看教材第53页的内容，自己快速看看啊"，而此时学生并没有在意教师的说话，依旧是一脸茫然。没有师生间目光的对视与交流，没有教师到位的观察和关注，一个所谓学习指令成为过眼烟云，主动、激情、成长也就无从谈起。教学需要教师对教学过程的活动目标与学生学习变化有清晰表达和指导关注。

毋庸讳言，"有效课堂"、"有效教学"已经成为今天每位初中教师都熟悉的词语，也是教师经常为此尝试、改进和研究的重要议题。什么样的课堂是有效的课堂？什么样的教学是有效的教学？什么样的教师通过教学能肩负起促进学生成长的使命？细细品味和探究不难发现，这些问题始终与现代学校教学改革与实践活动相伴随，直接指向对教学本质、教育价值的追寻。

大家一定认识夸美纽斯，也一定知道他的《大教学论》。"寻求并找出一种教学方法，使教员因此可以少教，但是学生可以多学；使学校因此可以少些喧嚣、厌恶和无益的劳苦，多具闲暇、快乐和坚实的进步。"①这一源自1632年的主张和期待——关于教与学的少与多、投入与价值、过程与结果等一系列关系和问题，从现代教育的理性思考开始，穿越着不同时代的教学轨迹，成为学校教学活动永恒求索的主题，成为教师理解教学、实践教学的重要内容。

如果说17世纪《大教学论》是在呼唤"班级教学"所蕴含的教育规模效益，强调顺应社会变化，扩大"教学规模"，减少教师教学的重复性劳动，体现"一个教师可以同时教很多学生"的统一模式下的"规模之效"，那么到了20世纪初，以杜威教育理论为代表的"进步主义教育"则开始突破单一模式的思路，从学生个体、学生生活、

① [捷克]夸美纽斯．大教学论．傅任敢，译．北京：教育科学出版社，2000：6

学生生长的视角来考虑教学“个性、多元之效”的实现。而到了20世纪60年代后，随着认知心理学、多元智能理论、建构主义理论、人本主义思潮的发展，对于学校教学活动的审视愈加指向教学本身在目标、设计与过程、反思上的回望与探究。如何理解教学、如何设计教学、如何反思教学，成为教学研究与实践的深层求索。研究表明，20世纪以来关于“有效教学”的研究，主要是针对“什么样的教学是有效教学”“什么样的教师是有效教师”以及针对“教师的课堂教学行为”本身展开的，侧重从影响教学有效性的教师特征以及教师的课堂教学行为展开分析。广泛意义上说，有效教学就是能够促进学生学习与发展的教学。再明确一点说，有效教学就是通过有效的教学准备、有效的教学活动和有效的教学评价来促进学生学习与发展的教学。①

“当我们问自己，什么是教学？我们试图确证哪些特别有效的教学方法或内容中的技巧与手段。然而我们发现的作为所有必要的技巧、方法和手段，只是在它们被人性化地运用到学生身上时才是有效的。即使所谓‘好’的展现内容的手段或是高效的技巧也可能会对学生的求知欲以及学习中的尊严造成伤害。因此，我们深信，教学论知识必须是责任、专业意向以及伦理关怀结合在一起的。有效性与责任同等重要。毋宁说，是这两者的结合给教学带来力量和卓越。”②

那么，就让我们以独有的教育责任和教学的技能与方法，行走在通向有效教学激发学生有效学习、促进学生全面而有个性发展的教育征程上吧！

一、透视有效教学内涵

教学是什么？有效的课堂教学如何实施？在我国中学教育的长期实践中，始终有一大批勤于实践、善于思考的教育工作者在不懈探索和实验，从理性认识到现实行动、从教和学的内在关系中、从学科本质与学生成长有机联系中不断清晰对于教学、对于有效教学的把握。

（一）回到“教学”本身

1. 教学是教与学组成的师生交往活动

苏联教育家斯卡特金认为：“教学是一种传授社会经验的手段，通过教学传授的是社会活动中的各种关系的模式、图示、总的原则和标准。”美国教育心理学家布鲁纳认为：“教学是通过引导学习者对问题或知识体系循序渐进的学习来提高学习

① 刘桂秋．有效教学概念新探．课程·教材·教法，2008(9)：11～15

② 刘万海．“有效教学”辨．全球教育展望，2007，36(7)：17～22

者在学习中的理解、转换和迁移能力。”[①]我国著名教学论研究学者王策三认为：“所谓教学，乃是教师教、学生学的统一活动；在这个统一的活动中，学生掌握一定的知识和技能，同时身心获得一定的发展，形成一定的思想品德。”[②]

尽管对于“教学”内涵的表述不一，但其中不乏对教学的共同理解：一是强调了教学活动是教师的教与学生的学的结合与互动，二者既不相同又密切关联；二是突出了教师的引导和学生的主体作用，二者相辅相成；三是关注了教学促进学生社会化的功能，以教学过程促进学生不断适应社会、身心全面成长。因此，作为教的活动承载者——教师在教学中需要充分理解教学的本质，从学生发展、引发学习的视角出发，与学生建立起有助于学习、发展的教学关系，最终引发、维持和促进学生学习的所有行为，使每位学生达到自己最佳的发展水平。

2. 教学中的知识与智力、能力的内在关联与互动转化

知识是人类对客观事物认识之后的经验总和。智力是人顺利地认识世界和参与社会活动的心理条件。智力就其本质而言，是一种学习能力，表现在处理问题与判断事物上的高度抽象思维能力，还表现在对新环境的认识能力、适应能力和调控能力，也就是一种获得知识、理解知识、运用知识和创造新知的能力。没有智力，人就无法认识和参与社会活动，就无法学习和掌握知识。而人不经历掌握知识的过程，智力就得不到更好的发展。一个人智力水平的高低，常常表现在掌握知识的快慢与深浅程度。能力，简单说，是知识和智力在实践中的巧妙运用，能够保证活动的顺利完成。

在中学教学中，一是要向学生传授知识，包括陈述性知识和程序性知识，即智慧技能、动作技能等；二是要发展学生的智力。只有这样，才能完整地发展学生的能力。掌握知识和发展智力、能力之间是辩证的关系，相互制约、相互促进。在教学中处理掌握知识与发展智力这两个方面的关系时，应该做到以掌握知识为主，并努力将掌握知识与发展智力、能力相结合。掌握知识与发展智力、能力不能并列地、平行地进行，不能采取一边掌握知识，一边发展智力、能力的做法，因为这样做实际上是把两者割裂开来，教学中的智力、能力发展目标也要通过掌握知识才能实现。因此，要提高教学质量，要求教师和学生都要理解和掌握知识与智力的辩证关系；在中学课堂教学中，不仅要调动教师和学生两方面的积极性，还要讲究教师的教法和学生的学法。亦如有人所概括：知识＋智力＝实践活动能力。

3.“教学具有教育性”的必然关注

教学是学校教育的基本途径，教学的教育性是围绕教学展开而具有的教育意义，这种意义的发生，是基于教学活动的运行过程，在教师、内容、方法等基本要

---

① 顾明远．教育大辞典(上)．上海：上海教育出版社，1998：711

② 王策三．教学论稿．北京：人民教育出版社，1985：88～89

素的关系中蕴含着、发生着。

教师本人的思想、观点、性格特点、教学水平、举止言谈等时刻影响着学生。而来自教师对于所教知识的热爱、理解以及学习的专业情感更是直接将教学的教育性特征引向深刻性、现场性，直接关系到对学生知识、情感、价值、方法等方面的示范与引导。教学视域下的“亲其师，信其道”更多是基于教师的专业示范以及对学生的知、情、意、行的全面调动。

教学要以书本知识、间接经验为主，连接起教师与学生的教与学的关系。尽管教学的基础知识和基本技能具有静态性、客观性、确定性、事实性的特征，但是在教学过程中，这些内容并不限制师生由此展开的动态的、自主的、个性的、生成的教与学活动。特别是当师生共同围绕所学内容进行思考、拓展时，科学、系统、发展、辩证等思想、情感、态度、价值观的“正能量”会洋溢其中。教学活动中的内容是教学教育性的基本立足点，是丰富、多样的教育性因素的载体。“通过教学使学生学到各种科学知识，是实现教学教育性的重要基础。教育性是教学的灵魂，教书的根本目的在于育人。”①

体验教与学方法的选择、运用的现实过程，对学生的学习具有潜移默化的影响。教师遵循启发式教学原则，有助于唤起学生积极的探究精神，引导他们逐步依靠自己解决学习课题、发现知识，从而培养学生独立地、友善地实现目标的态度和性格，形成锲而不舍的顽强意志与人格，培养学生的积极性和创造性。反之，如果教师所采取的教学方法、过程远离学生学习特点，则会导致学生产生消极情绪，面对“填鸭”般、“被动”的学习，学生只能是处于被迫接受的状态，常常是机械地模仿，死记硬背，从而导致盲从、模仿、抄袭的学习态度和性格，降低学习效果，还容易使学生成为思维僵化、因循守旧的人。

有教师曾依照教学活动特点，突出强调了引导学生在教室中形成“五大思维习惯”。

(1)依据。我们怎样知道什么是真的，什么是假的？哪些证据能证明真假？我们能有多少把握？是什么让我们感到它可靠？

(2)观点。如果我们站在其他人的立场上，会产生什么不同的看法？如果我们从另一个角度看呢？如果我们有一个不同的经历或期望呢？

(3)关系(因与果)。有哪些关系模式？有因果关系吗？我们以前见过类似的事吗？可能的结果是什么？

(4)推断。假设……会怎样？可能会呈现别的情况吗？假如情况有变化呢？还会怎样？

(5)相关性。这有什么关系？它和什么因素有关联？

① 关苏霞．教育学原理．太原：山西人民教育出版社，1992：171

除了这些思维习惯，教师还要重视对学生行为习惯的培养，如按时完成任务、持之以恒、有耐心、不轻易受挫、善于倾听他人等。①

总之，教学是学校教育中教师和学生共同参与的，促进学生知识、智力、能力、情感、价值、方法等品质健康发展的基本活动。作为教师，在教学过程中要引导学生参与到多样化的学习活动之中，以学生的主动、个性化的学习促进学生全面、健康成长。

（二）走进“有效教学”

1. 反观教学中的“无效”

尽管我国的最近一轮基础教育课程改革已经走过了十多年的历程，然而，如果我们认真观察、审视初中阶段的日常教学，我们依然会发现不少教学活动处于“无效”状态。所谓“无效”的教学，并不是说教师没有教完教学内容，而是指教学活动中教师的教与学生的学的关系状态无效。当把教学过程与学生有没有想学、学得好不好的状态联系在一起时，如果学生不想学或者学习没有收获，如果学生学得很辛苦却没有得到应有的发展，都会致使教学有其名而无其实，降低了应有的教学效率与效果，成为无效或低效的教学。

一些研究者针对课堂教学进行观察描述、统计分析，指出当前初中课堂中存在不少“无效”现象。概括说来，主要体现在以下几个方面。

(1)“电灌”替代“人灌”。随着信息技术设备的逐渐普及，多媒体越来越多地进入课堂，其很强的真实感和表现力可以极大地满足学生的视听感官需求，以生动性、直观性、快捷性增强了学生的学习兴趣，改变了教学节奏与效率。然而，一些教师在使用多媒体课件时缺少对于课件与学生理解、学科特点、思维过程、学习能力与方法等关系的分析，课件的容量、时间、效果常常与“学”的发生过程相脱节，课堂看似活跃，实则变成一种变相的灌输与控制。如有的教师在教学的每个步骤、每个环节都用声像、媒体配合，教学节奏、应有的时空间隙反而因课件过多而受到局限。有的教师为了追求趣味性、视觉效果，课件的制作过分花哨，既不符合初中学生的思维特点，也容易干扰学生的注意力。有的教师干脆放弃了自己的学科素养示范，以所谓直观、简单、便捷、规范的课件替代一切，放弃了教师、学生与文本之间本应具有的一种自然亲近、独处和回味，由此也割裂了学生学习的连贯与专注，替代了学生应有的思维过程和想象空间，更降低了教师个人的学科魅力与示范引导。

(2)教改简化为“方式变革”。随着课程改革的深入推进，“自主、合作、探究”

---

① 李茂．在与众不同的教室里——8 位美国当代名师的精神档案．上海：华东师范大学出版社，2010：194～195

的学习方式为更多教师所了解、运用，也成为教师开展教学改革的最直接表达，甚至在一些教师的理解中，只要变化了教学方式，似乎就完成了课程改革。新课程在教学实施中所强调的教学观、学生观、教材观、评价观等深入解读、实践被简化为单纯的教学方式变化。于是，"自主"变身为学生先自行根据教师布置的题目在教科书中找答案；"合作"变身为几位同学相互核对答案，结对帮助写出答案；"探究"就是回答教师的问题并互相补充。在这一过程中，有没有学生因为学习自行引发的主动提问？学生的思维过程有哪些不同？学生的理解过程有什么不同？这些都没有引起教师的关注，都不在教师的视野中。在一些教师的课堂上，教师真的就成为各种活动环节的组织者，忙于发出变换不同活动方式的指令，忙于对活动本身提出要求和组织落实；学生忙于各个活动方式的定位与到位，快速完成教师布置的题目、相互更正、展示补充。看似热热闹闹，气氛活跃，人人参与，面向全体，学习任务的达成似乎也有效，然而实际上依旧是教师以自己预定的任务牵着孩子们蜻蜓点水般地活动着，一节课、一段时间下来，一个个知识点的快速记忆、做题答题与学生所形成的学科思想方法、学科素养、学科兴趣之间具有怎样的关系？学生因学习过程而拓展了怎样的能力、情感？教师是否在这样的追问中反思过？这些都有待回答。从这一意义上说，教学方式的变革不能单一存在，需要有教师的教育观念、价值追问、学习策略等一系列学习、思考的支撑。

(3)"热闹"异化"学习"。教学是教师引发、维持学生学习的活动过程，学生在课堂上的兴奋、激动是源自活动形式还是不同学科的文本激活、教师的学科魅力，都考验着教学作为教师引领下的学习过程的深远影响。当课堂充斥着太多的小组活动、互相讨论、教师的一问到底等的时候，学生因为文本、知识本身激发的思考、情感被冲淡，教师应有的学科敬畏、学习示范、情感表达等都消失了。有学者曾主张，教师的语言修养在很大程度上决定着学生在课堂上脑力劳动的效率。有的教师课堂提问太多，每讲一两句便问对不对、好不好，于是，学生跟着教师的话异口同声地答"对""好"。其实教师问的问题是什么，学生都没有时间思考。一节课下来，问题提了一大堆，表面热闹，实则空洞。有的教师一揭示题目立刻就问学生"有什么想法"，表面上看是想激发学生学习、探究的兴趣，其实效果不大。试想如果学生事先对要学的内容一点不了解，那么就会对教师的提问摸不着头脑而无从回答；如果事先已经预习过了就会发现问题太缺少挑战性而浪费了时间。在课堂上，我们常常会发现，教师的提问缺少对于问题本身要达成什么学习目标的设计意图的深入思考，成为简单烘托气氛的摆设。

有人说，好教师必须有创造力，因为你不能日复一日地做同样的事。当今的课堂教学因技术、设施而愈加多样化，因学生的差异、需求而愈加个性化。因此，在异彩纷呈的教学活动中，尤其需要教师把握教学的本质，不断追问有效教学的基本特征，由此显示出教学是学校中最基本、最有效的教育途径。

2.“有效教学”之理解

关于“有效学习”，国内外的研究很多。以中国知网的研究统计为例，自1956年起，我国就已开展与“有效教学”相关的研究。不同时期对于教学的理解和研究，从不同的视角、维度解析了“有效教学”的不同内涵，对于“有效教学”的研究愈加丰富、多元。

教学目标、教学技能和学业成绩——国外学者关注有效教学的基本维度

无论是已有的研究论述还是教师实践探索，国外关于“有效教学”的理解主要从三个维度展开。

(1)强调教学目标的达成。一些研究认为有效的教师总是着眼于教学目标的实现，通过引导学生积极参与学习，激发学生学习愿望，培养掌握知识、合作交流和解决问题的技能、创新性思维能力，顺利达成预定的学习目标。

(2)强调教师的有效教学行为与技能。有研究从教学的复杂性和教师教学技能的角度进行阐述，认为有效教学是由教师运用、改进和优化的一系列教学技能来完成。认为有效教学需要教师充分了解学生，能与学生进行清楚的交流与沟通，能够刺激学生积极地学习与思考，充满了对于教师的教学价值观的挑战。

(3)强调学生所达成的学习成就。有研究从教学的输入与输出关系论述有效教学，认为其根本是教师为学生创设学习活动，安排学习任务和提供学习经验，使学生获得预期的知识、技能、理解和态度。有效教学包含着教师有效的教学行为、有效的教学管理和学生的学习成绩，有效教学涉及教学输入、教学过程和教学产出三个内容。

概括说来，有效教学与教师的教学密切相关，教师对教育目标、课程目标与标准的理解与把握越好，教学的有效性就会越强。有效教学又是通过教师良好的教学品质、教学行为和教学技能以及恰当的教学策略来实现的，教师的自我反思和改进更是教学有效性在实践中的根本保证。有效教学的评价标准不仅要看教师的教学行为，更要看在一段教学之后学生所获得的具体进步或发展。

内涵特征、教学策略、教学评价——国内学者对有效教学的基本解读

纵观国内学者的研究，主要集中在针对有效教学的特征、教学策略与评价标准的研究上。

(1)内涵特征。审视有效教学主要从教学的有效结果以及应具备的特征来分析。如从教学的三重意蕴展开：有效果，即对教学活动结果与预期教学目标的吻合程度的评价；有效率，即教学活动本身是一种精神性生产活动，沿用经济学概念，可将教学效率表述为：“教学效率＝教学产出（效果）÷教学投入”，或“教学效率＝有效教学时间÷实际教学时间×100％”；有效益，即教学活动的收益、教学活动价值的实现。又如扎实、充实、丰实、平实、真实的课可以算是好课，所谓好课就是有效教学的课。再如有效教学应具有以下五个特征：以学生发展为本的教学目标，预设与生成的辩证统一，教学有效知识量高，教学生态和谐平衡，学生发展取向的教师教学行为。①

(2)教学策略。突出强调了教师作为教学主导者的规划与调控。如有学者提出有效的教学策略包括：情知互补，培养新人；实施多种教学变量组合；因材施教，适应需求多样化。② 又如有学者认为，教学设计一般倾向于将支持学习的外部教学事件(活动）主要分为组织策略、传递策略和管理策略。组织策略是指教师对教学(课程）内容的选择(包括增减、换序、整合、改编等）和排序；传递策略是指教师所选择的教学具体方式和互动形态；管理策略是指教师创设人性化的学习环境和提供丰富、相关的学习资源。外部的教学事件一定要通过学习者内部的学习过程才能发挥其影响和作用，要强调以学习者为中心，调动师生两方面的积极性。③

(3)教学评价。强调从教学的过程与结果来评价其有效与否。如有研究强调，有效的课堂教学可以划分为两个维度，即基础性维度与发展性维度。前者的基本要求有：是否能把握教学内容的定位，是否注重个别差异，表述是否清晰(包括言语概念式表述、案例领悟式表述和图式结构式表述），是否有效地使用教育资源等；后者的基本要求有：能否灵活运用、选择和编制教学计划，能否运用启发式使学生积极投入课堂教学中（如开放性提问，适当的幽默，鼓励冒险精神等），课堂教学能否体现互动和开发的要求，能否尊重学生、唤起学生的自律意识，能否容许学生个体专长的课外开放，是否具有科学思维和创造性等。④

总体来看，“有效教学”就是师生共同遵循教学活动的基本规律，以不断优化的效率、效果和效益促进学生在知识与技能、过程与方法、情感态度与价值观的整合、协调、可持续方面的进步和发展，从而有效地实现预期的教学目标。有效教学实际上是一个动态的转化过程，即把有效教学从有效的教学“理想”转化成有效的教学“思维”，再转变为一种有效的教学“状态”的过程。

总之，探寻“有效教学”的过程，是教育者理清教学思想，聚焦学生发展的学习、行动、反思的过程。探寻“有效教学”的最终目标是提高教学的效果，促进学生身心全面发展。透过国内外的相关研究，我们可以明确的是以下几个方面。

第一，有效教学没有固定的模式或程式，而是一种有助于提高教学效果与质量的个性化、灵活性地达成预定教学目标的教学活动形态。

第二，有效教学首先是教师的一种教学观念、教学行为、教学探索，学生的发展与变化取决于教师对教学本质、教学规律、教学原则、教学方法的灵活运用与行为表达。

---

① 宋秋前．有效教学的涵义和特征．教育发展研究，2007 (1)：39～42

② 程红，张天宝．论教学的有效性及其提高策略．中国教育学刊，1998(5)：37～40

③ 盛群力，马兰，褚献华．论目标为本的教学设计．教育研究，2008(5)：73～78

④ 孙亚玲．课堂教学有效性标准研究．[学位论文]．上海：华东师范大学，2004

第三，有效教学是以促进学生的身心、智能的积极参与和变化为目标，也是终端现实载体。以学习者为中心、引动学生的内在学习需求与学习参与是有效教学的核心。

3. 初中有效教学的基本关注

初中阶段教育有其独特性。初中阶段的教学活动是义务教育课程体系的高端，与小学、高中阶段的教育有所不同，无论是教师、学生还是家长都会因初中阶段教育的承上启下、分流与选择等特点的凸显，因学习科目、内容的增多，因学习方式中很多自我管理与教师期望、家长期望、考试评价、学生身体发育与心理成熟加剧等因素的变化，在学校的教学活动中呈现出特殊性，由此也让初中阶段的课堂教学面临更多的挑战。作为教师，在充分了解初中阶段不同学科基本任务、目标、评价的同时，更需要从学生的长远发展、适应学习型社会发展对人的社会化要求出发，审视自己的学科功能与教育责任，在教学活动的实施过程中践行教书育人的专业使命。

基于初中学生学习兴趣的教学

兴趣是学生学习的最大动力，也是有效教学的目标与途径之一。初中学生的学习兴趣，与小学生相比，因学习任务、内容、方式、过程的不同而呈现出自己的学段特点。

特点1：学科兴趣有了一定的广阔性。初中学生的学习范围扩大了，求知欲、好奇心也会有所增强，他们不仅喜爱文艺读物，而且喜爱科学、技术读物，也会被大众传媒、网络、通信等吸引。教师一方面要善于帮助学生扩大他们的学习兴趣，同时要注意不要使学生的兴趣过于广泛，以至于漫无中心。教师对于各种信息的收集、处理与使用的指导也显得尤为关键。

特点2：学习兴趣有了更大的分化性和选择性。随着思维水平的提高、学习内容的增加，初中学生开始表现出个性化的学科兴趣点，一些学生出现喜爱某些学科或者不喜爱某些学科的现象。事实上，学生特别喜爱某一学科，首先往往是和教师的教学风格、专业水平、教学要求等密切相关。通常对同一门科目而言，一个教学质量不高的教师执教，会让学生的学习兴趣大减。其次，学生的学习兴趣也与自己的学习成就感有关。学生某门科目的学业成绩或考试分数不好，常常也会降低学习的积极性；相反，如果学生连续获得较好的成绩或分数，就会对这门学科感兴趣。可见，初中学生学习兴趣的分化与选择存在着各种可能性，教师在教学中对此应加以警惕，在学生课程学习的初始阶段为激活、保持其兴趣做出努力。

特点3：学科学习开始显现一定的深刻性。在各种信息、知识、经验的不同影响下，初中学生对理论性的问题、对需要开动脑筋思考的材料的兴趣水平有了新的需求。例如在阅读文学作品时，学生不但对故事叙述有兴趣，而且可能对人物的内心变化更有兴趣，显示出的学习兴趣越来越深刻。而这尤其需要教育者适时、精准的引导与点拨。如果缺乏正确的教育影响，初中学生的学习兴趣或许会导致实用性和肤浅性。可见，初中阶段的教师应更重视在学生思维过程、意义理解上给予指导，引导学生的兴趣向与事实和原理、思想、生活实际相结合的更深刻的水平发展。

特点 4：学习的自觉性进一步提高。初中学生比小学学生更能自觉地、有意识地支配自己的兴趣，把自己的学习兴趣和生活实践、自身前途联系起来，表现出跃跃欲试、努力担当的“大人”感和独立感。当然，一旦缺乏引导，初中学生的逆反心理可能会更为突出、强烈。对此，教师要更加细心观察学生的学习动态与学习风格，有针对性、激励性、客观性地适时关注、关心和保护学生的自尊心，作为教师指导学生学习的基本原则。

对于初中学生的学习兴趣和发展特点的关注与培养，是教学的核心追求，也是教师做好“学情分析”的重要依据。教师要在教学中顺利推进教师的“教”和促进学生的“学”，就要依据“学情”准确预测学生在实际的学习过程中“可能出现的问题”，即做好有价值的学情分析，确立切合学生实际的“学习起点”。正如有研究所强调，“学情分析要落到实处，就必须讲究行之有效的方法，主要有问卷调查法、观察法、谈话法、前测法、作业分析法等。从时间段上来看，主要有课前分析，如布置预习思考题，或让学生质疑等；课上分析，主要通过交谈、提问等过程中的信息反馈等；课后分析，主要通过作业、交流、考试成绩等。就学情分析的关注点来讲，学情分析必须聚焦于学习起点、学习状态和学习结果。要准确确定学生的学习起点，就必须找准学生的学习困难所在；教师一定要根据学生的学习状态，确定学生的学习起点。就一般规律而言，学生的学习状态经历三个环节，一是起点环节，二是推进环节，三是深化环节；对学习结果的评估要准确。”①只有基于学生兴趣的学习，才会成为学生真正的学习。对此，教师在教学设计、实施中需要始终关注。

基于课程标准的教学目标与教学评价

当前，随着义务教育课程改革的深入推进，国家对学生健康成长、教师工作绩效的基本要求主要体现在课程标准上。课程标准是对学生经过一段时间学习后结果的描述，是期待学生在校期间应掌握的特定知识、技能、方法和态度的清晰而明确的阐述，反映了国家学生学习结果的统一的基本要求。课程标准不仅是国家对基础教育课程的基本规范和要求，也是国家管理和评价课程的依据，是教学实施、教材编写、评价和考试命题的依据。因此，课程标准是教学活动的最重要的依据。

如果说传统教学的一般程序通常是教师根据教材确定教学内容，根据教学内容设计教学活动，实施教学，设计并实施评价，获得反馈，进入下一主题，那么基于标准的教学则突出强调根据课程标准确定教学目标，根据教学目标确定内容主题及

① 语文教师应具备的“学情分析”能力．参见 http：//www.jxteacher.com/wxy2011/column3362/c1e79355-3a42-4469-aef0-d1276e2b92c8.html

具体的内容材料，设计评估，确定达成目标的学习机会，实施教学，评估并获得反馈，进入下一主题。[①] 由此显现出课程目标对于教学全过程的指导、规范意义。

国家《义务教育课程标准》是落实建立素质教育新体系的重大突破，是把现代课程理念广泛应用于各科教学的探索，主要表现在以下几个方面。

(1)在课程目标、内容标准和实施建议中都体现了新教学目标——三维教学目标，即知识与技能、过程与方法、情感态度价值观的有机整合。三维教学目标的核心是促进学生的发展，把素质教育理念落实到具体的教学实践中。

(2)突破学科中心、加强整合、课堂教学生活化。课程标准关注学生的兴趣和经验，密切教材与学生实际生活经验和现代科技发展的联系，打破了学科封闭，加强了学科之间的有效整合，便于课程设置，有利于促进学生发展。

(3)注重引导学生改变学习方式。各学科课程标准结合本学科的特点，加强过程性、体验性目标，引导学生主动参与、亲身实践、独立思考、合作探究，改变单纯的记忆、接受、模仿的被动学习模式，发展学生收集和处理信息、获取新知、学会学习、分析问题和解决问题以及交流与合作的能力。

(4)加强对评价改革的指导。充分体现评价促进学生发展的基本理念，结合不同学科的特点提出了成长记录袋、测验与考试、论文与答辩等有效的评价策略与评价手段，引导学校、教师的评价更多地注重学生的学习过程，培养学生的自尊心和自信心，促进学生全面、和谐、富有个性地发展。

(5)注重拓展课程实施空间。课程标准注重对学科在某一学段学生应达到的标准的描述，同时对课程实施过程提出了建设性意见，在实施教育目标的过程与方法、知识体系的逻辑结合等方面提供了较大的自由度，为教材的多样性和教师创造性实施提供较大空间，特别是针对学生差异，为促进学生个性的发展提供了可能。

2011年版《义务教育课程标准》更加突出了课程与教学的育人特征，强调各学科把落实科学发展观、社会主义价值核心体系、中华民族优秀文化传统教育作为指导思想并结合学科内容有机渗透。因此，教师在备课、上课等教学全过程中要始终依据课程标准的目标规定对课程展开设计与实施，进而在教学目标及其达成中保持学科特有的教育意识。

可见，基于课程标准的教学，突出表现在教学过程中教学目标依据课程标准设置，教学内容、策略与教学评价也依据课程标准预设，并因学生的学习需求、特点而个性化展开。由此，基于课程标准的教学，就是教师根据课程标准对学生规定的学习结果来确定教学目标、设计评价、组织教学内容、实施教学、评价学生学习、改进教学等一系列设计和实施教学的过程。在这一过程中，教师不仅仅考虑教什么、怎样教的问题，更多的是对为什么教以及教到什么程度给予动态关注。所以，基于

① 王少非．论基于标准的教学．教育发展研究，2006(17)：10～13

课程标准的教学显现出教师把握教学方向以及坚守教学质量底线的有效性，最终体现在学生的有效学习上。

基于现代教学理念的教师引领

教学理念是教师对教与学活动的内在规律、性质的集中理解，是教师对教学活动持有的基本的态度和观念，也是教师从事教学活动的信念。依照阿吉利斯和舍恩对行动理论的分析，教师的教学理念中，既有普适般的“信奉理论”(即当事人被问到时所宣称遵循的理论)，也有个性化的“使用理论”(即由当事人实际行动中可推演出的理论)，一个人的教学行动更多是受其使用理论支配，而使用理论不一定与信奉理论一致，这就可以揭示存在于教师教学中的“知”与“行”的不一致性。因此，不断加强教师的理论学习，不是单纯地增加概念、原理性知识，而是要结合教师的个人知识、使用理论增进反思和研究，以此不断丰富和深化教师的教学理解和实践，教师的教学理念会因学习—行动—反思—规划—改进而不断更新，进而落实为教学行为的有效性。

深化课堂教学改革、提高课堂实效，对于教师而言最关键的就是从转变教学理念起步，缩短教学中“信奉理论”与“使用理论”之间的鸿沟。

视角 1：从单纯教知识转向促进发展。教学的核心问题是教育问题，是培养什么人的问题，这是教学的起点与归宿。促进学生的全面发展是衡量有效课堂的最重要标准。试想，如果学生对知识的概念、原理、定理、规律的掌握仅仅是通过不经思考过程获得的，学生的发展就会局限在生搬硬套、省略压缩的机械记忆之中，而应有的理解力、领悟力、判断力、鉴别力、创造力以及现代人的思想、人格、个性等没有得到发展，那么，学生作为一个鲜活的社会人的成长的机会和可能就会丧失。

视角 2：从重视教师教转向重视学生学。教与学是教学中最基本的关系，过于注重教而忽视学生学的现象常常成为教学变革中的焦点问题。正如有研究将教学中重教轻学的现象概括为五个中心，即：教学活动以教师为中心，教学过程以讲课为中心，教师讲课以教材为中心，学生学习以做题为中心，教学价值以应试为中心。[①] 重视学，首先是源自教师对教的设计和学习引导，并不是降低教师的作用。教师要以学定教，顺学而导，教学生学，这体现了教学的教育价值。

视角 3：从教教材转向用教材教。所谓教材有广义和狭义之分。广义上说，教材泛指课堂内外教师和学生使用的所有教学材料；狭义上说，教材就是教科书，是师生开展教学活动最基本的教学材料。“教教材”与“用教材教”主要是从狭义的教材理解出发，表现为教师对于教科书使用的不同理解和行动。其中“教教材”是指教师在教学中唯恐与教材有所出入，不敢或者很难进行改编与创生；而“用教材教”是以

① 徐世贵，董玮．有效教学难点突破与教学对策．天津：天津教育出版社，2012：24

教材为基本参考，教师从课程标准和教学目标出发，结合学生的学习过程体验和学科基础，围绕教材进行内容的取舍、重组与二度开发。从本质上看，“教教材”与“用教材教”在语意上并无太大差别，但“用教材教”更多反映了教师教学中教材观的转变。毕竟，一本教科书再好，通常也只能是依据一般情况为教与学提供一个思路和一种设计方案，不可能完全适应每个学校、每个班级、每个学生的具体情况。教师用教材教，显示了教师解读教材、分析学情的专业智慧。

视角4：从统一要求转向关注差异。伴随教学从关注知识转向关注人的发展，教师要“关注不同潜质学生的健康成长”，毕竟学生有着不同的家庭背景和生活经历，形成了自己独特的认知和思维方式。这种学生间的差异性不可避免地影响学生的学习活动，必然要求教师在教学中要从过于强调统一要求转向促进学生的个性化学习。教师常常会抱怨自己没少在备课、上课上下工夫，但是效果欠佳。究其原因，往往是由于教师缺少对学生差异性、多样性的充分认识。依照社会建构主义的主张，学生是在理解的基础上建构知识的。这种理解，并不是指学生弄清教师的本意，而是指学生已有的知识和经验对教师所教授的内容的重新解释、重新建构。如果教师把风格各异的学生“培养”成一种模式的人，显然是既不符合学生实际，还会耽误学生的一生。教师要承认学生差异，正视学生差异，在教学中“下要保底，上不封顶”，因材施教。

基于学生主动探究的学习方式

在教师、学生、教学目标与内容、教学手段与方法等要素共同构成的课堂教学过程中，学生是教学的起点和归宿，是教学行为的焦点。有学者从教学的时间逻辑建构了教学活动的主体框架(见图1-1)①，其中的一个重要关注依旧是引导学生学习的教学全过程。这其中，“引起意向”意味着教师要有目的地引发学生投入学习的积极状态，也就是要引发学生的学习意向，在此基础上教学活动才会产生效果。“明释内容”意味着教师要对学生“学习什么”和“如何传达给学生学什么”做出说明与解释，借助必要的载体、形式做出传递和引导。“调适形式”意味着教师围绕学生如何发生学习的途径进行策略与方法的选择。在这一过程中，对于内容的把握、对于学情的分析，都显现出教师的专业素养。“关注结果”意味着教师的教学落脚点是学生各得其所，学有所长，借助教学过程促进学生在态度、知识、技能、习惯、思想、方法、信仰方面的综合发展。

① 崔允漷．有效教学．上海：华东师范大学出版社，2011：11

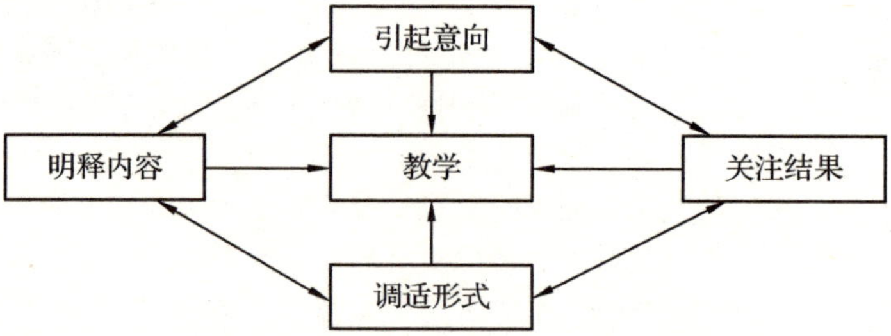

图 1-1 教学活动必要条件的主体框架

要激活初中学生在课堂中的学习参与，引导学生在自主、合作、探究中体验学习，教师在教学中要对于学习方式有清晰的理解，并在教学实践中自觉调节、改进。

(1)课堂中的学习的本质是学生的主动建构。有学者曾说过："如果孩子没有学习愿望的话，我们的一切想法、方案、设想都将化为灰烬，变成木乃伊。"在教学中，学生的学习不是简单依靠教师传递信息、学生被动吸收的过程，而是学生作为学习者主动建构知识的意义的过程，这一过程不可能由他人代替。每个学生都是在现有知识经验和信念的基础上，对新的信息的主动选择和加工，从而建构起自己的理解，而原有的知识经验系统会因新信息的进入发生调整和改变。这种学习的建构，既有学生对于新信息的意义的建构，也有对原有经验的改造和重组。从这一意义上说，教师的教学就是要关注学生的学习背景，让学生参与到教学活动中，发挥学生学习的主体性和积极性。

(2)学生在课堂中的学习是在自我理解基础上的检验与调整过程。一般来说，在教学中学生以学习间接经验、书本知识的学习为主，而这些知识在进入学生的经验系统之前可以说是无意义的。只有当学生经历了新旧知识经验间的双向互动后，才建构起对于学生的意义感。因此，学生的课堂学习是一种理解基础上的自我检验、调整的过程。作为教师，在组织学生的学科知识、技能的学习活动时，要关注学生如何在原有经验基础上建构起新旧经验之间的联系。从这一意义上说，教师在设计教学时就需要注意创设学习情境，让学生在一定的知识经验的情境中体验解决问题的探索过程，逐渐达到更高的认识与经验水平。

(3)学生的学习是在合作中、在支架的支持下展开的。当学生在课堂上以自己的方式建构意义学习时，不同的理解、不同的角度本身就成为丰富的学习资源。通过与他人的交流、讨论、互助等形式的合作学习，可以让学生超越个人的认识，更加深刻、开放地理解事物，改造自己的认知结构，检验和完善自己的观点，进一步进行知识重新建构。这种学习过程不仅可以提高学生的建构理解能力，也有助于学生后续的学习和发展。同时，学生知识经验的局限性也要求教师适时提供支持学生学习的支架，以减少或避免学生走弯路。

(4)学习方式变革中的关键特征是让学生发生有意义的学习。教学改革中一个显见的内容就是学习方式的变革，而接受学习与发现学习成为两大类型。其实，接受与发现之分，是在教学中的目标侧重点、学习材料呈现方式、学生对于知识经验的内化过程以及教师主导作用上的不同表达方式。教师在教学中，一方面要坚持教学以学生学习间接经验为主的特点，接受学习依旧是学生学习的一个主要方式，但是“接受”不等于被灌输、不等于机械记忆，依旧需要找到调动学生经验主动建构的切入点；另一方面要充分立足学生的经验基础引导学生的思维探究，缺少质疑探究、分析验证、问题解决过程的所谓发现学习仍然是一种机械、浮浅的无意义学习。在教学中，没有哪一种教学方式最好，只能说哪一种方式更适合教学目标和学习过程的达成。为此，教师应结合自己的教学经验和学科特点，特别是充分研究学生的经验特点与班级学生的已有基础，让学习方式切实服务于学生的学习参与，让课堂学习彰显出促进发展、关注差异、教学相长的生命活力。

【案例】苏霍姆林斯基谈“提高教学质量的几个问题”[①]

学生在课堂上的脑力劳动修养乃是教师劳动修养的一面镜子。在上课时，教师不仅要注意自己的关于本门学科的思路，而且要注意到学生。如果教师到了面对学生的时候才来挑选正确表达思想的词句，而且有时候还说得词不达意，那么学生就要费很大的劲来领会所讲的东西，做不到透彻地理解。教师知道的东西应当比他要讲给学生的东西多10倍、20倍，那样一来，他在上课时的言语就会运用自如，学生感知这些信息就不太费力；这时，处于教师注意中心的就不是自己的讲述，而是学生的思维情况。这时，教师从学生的眼光里就能看出他们懂了还是没懂。如果有必要，他就迅速地变换讲法。驾驭学生思维的艺术，绝不在于事先把自己的每一条思路都规定好，并且只讲事先准备了的东西，而在于根据具体情况来讲当时需要讲的东西。一个好的教师，好就好在他能觉察课的发展情况，能正好从本节课发展的逻辑出发，按照此时此刻是唯一正确的道路走下去。在对少年的智育中，这种办法和技巧尤其重要。要教会少年展开复杂的思维过程，教师就得有高度的洞察力和灵活性，随时变换教学方式。

为了满足少年们喜欢进行抽象思维和对事实进行深入思考的这种精神需要，教师在讲课过程中要慷慨地提供事实而吝啬地给予概括。对少年和青年们来说，最有趣味的讲课，是那种把某些东西故意保留而不讲完的讲法。我们在讲述事实的时候，给学生提供让他们在头脑中分析和比较这些事实的余地。据我们观察，由事实过渡到概括性的结论——这是一个激动人心的充满情感的时刻，就好比是学生攀上了一个高峰，为取得胜利而满怀喜悦。有经验的教师在备课的时候，总是费尽心机地考虑，怎样才能引导学生实现这种提高，怎样帮助学生“攀上高峰”，使他们成为

---

① [苏]B. A. 苏霍姆林斯基．给教师的建议．杜殿坤，编译．北京：教学科学出版社，2000：535～546

“思想家”和“发现者”。教师竭力在教材内容中为学生寻找供他们进行思考和概括的食物。

例如，我在上历史课，当讲到一些具体国家时，我就引导学生进行“什么是国家”的概括。少年学生很喜欢进行思考和从具体的历史事件中抽象出来，兴致勃勃地议论：在奴役劳动统治的条件下，国家不能稳定的一般原因是什么，等等。

青年学生有一种喜欢用“思维的眼光”把握大量事实的需要，教师应当满足这种需要。对学生来说，如果他不能体验到自己思考的自豪感，那么他就不高兴进行脑力劳动。为满足青年的这些智力需要，我们经常采用一些进行专门的“思考练习”的办法。在自然学科的课上，这类练习能引起学生特别浓厚的兴趣。例如，生物学教师在讲到植物或动物的某一个新纲的代表者时，要求学生思考这样的问题：是什么东西把这些代表者联合成一个统一的整体？在本课所学的新纲跟以前学过的某一纲之间有哪些共性的东西？教师还要求学生研究某些纲之间的本质的和非本质的差异，等等。

我从经验中得到一条信念：学生要识记和保持在记忆里的东西越多(而在中年级和高年级要记的东西是很多的)，就越有必要进行概括，越有必要从具体材料中抽象出来，越有必要进行思考和推论。这样似乎也能消除疲劳，激发学生对知识和事实的新的兴趣。我们还碰到一种情况：学科越是容易(例如，植物学在思维过程的复杂性上就比数学容易得多)，少年学生们对于积累事实“储备”的态度就越冷淡。我一次又一次地证实这一点：在少年期，特别重要的一点是要使学生感到自己是一个研究者、思考者，而不是消极的知识“掌握者”。许多学生在童年时期学习得很顺利，而到了少年期，据一些教师鉴定说，却变得愚笨、没有才能、对知识漠不关心了。这种情况的原因就在于：正是在这个时期，当学生的头脑需要思考、推论和研究的时候，他却被“解除”了思考的任务。教师想出的各种巧妙办法，都是为了尽可能地减轻学生对掌握教材的困难。结果得出一种很荒诞的情况：按教师的本意应该是减轻学生的脑力劳动的办法，却在实质上把学生教得不会从事脑力劳动了。

什么是掌握知识呢？这就是使周围世界的事物、事实、现象和事件在一定意义上成为学生自己的东西。真正的掌握是在这种情况下发生的，即：学生感到了知识是他进行智慧努力的结果，他自己去获取知识，同时找到运用知识的领域，从抽象真理再过渡到接触新的具体事实。当学生把问题的实质弄明白以后，这就是他顿然领悟的时刻：似乎一片黑暗一下子被鲜明的火光照亮了。

对那些“难教”的、理解力差的少年要特别耐心地对待，任何时候都不要责备他们头脑迟钝，也不要让他们拼命记忆——这些都没有用处。如果没有探究和思考，记忆就会“有漏洞”，什么也记不住。记忆力变坏正是在少年期发生的，这种现象的原因就在于：正当一个人应当尽量多地思考的时期，却把他从思考中“解脱”出去了。应当引导理解力差和思维不敏捷的学生去独立地发现真理。发现带来的喜悦，在经过自己努力而发现的真理面前的惊异感，这是智力发展的动力。这是走向自我确立的一个阶梯：学生体验到自豪感，体验到自己对自己的尊重。

我们深信：如果学生在少年期没有遇到一位脑力劳动的真正的指导者，那他就永远不能学会真正地思维。我们力求做到：每一节课上，在学生特别是少年的脑力劳动中，一定要使对概念的理解占有重要的地位。真正的教育能手总是竭力使抽象的概念能真正地为学生所掌握，使之真正成为学生自己的东西，成为他们积极地认识事物和获取新知识的工具和手段。

对少年的脑力劳动进行的观察使我们得出一条结论：如果滥用那些有趣的、形象的、鲜明的、花花绿绿的东西，就会导致学生过于兴奋：教室总有人小声讲话和做小动作。教师为了"压倒"学生的嗡嗡声，就提高嗓门讲课。而这样一来又引起了更大的兴奋。这种兴奋可能使学生一连几节课安不下心来。于是，也就根本谈不上进行正常的脑力劳动了。毫无疑问，使用愚蠢的手段去激发学生的兴趣，在这样精细的事情上表现出教育的无知，这些正是使少年变成"难教的群民"的原因之一。

有些人认为，所谓运用知识，就是让学生经常完成一些实践性的作业——测量、称重量、计算等，但是还应当把运用知识变成学生从事脑力劳动的一种"学风"。

我们努力采用探索问题式的讲课方法。这就好比教师把一些新知识的"砖瓦"递给学生，让他去掂量，怎样把这些"砖瓦"用到正在建筑的完整知识体系的"楼房"上去。例如，我在讲述古代、中世纪和文艺复兴时期的事件时，有些东西我有意地留着不要讲完：这些东西是学生借助以前学过的知识能够独立地解释的。从学生对我留着没有讲完的那些问题是否愿意去自己寻找答案，可以看出学生有没有积极思维的热情。

我们在课堂上指导学生的脑力劳动时，总要设法使一些知识成为掌握另一些知识的工具，学生的兴趣、注意力和知识的牢固性，归根结底都取决于这一点。在自然学科和人文学科的课堂上，我们都专门留出时间，让学生去独立地深入思考各种事实、现象和事件之间的相互关系，这正是通常称为"知识的巩固"的真正实质之所在。巩固知识不应当仅仅归结为当教师刚刚讲完时就立刻喊学生起来回答问题。我们认为，给学生布置独立作业，让他们去深入思考教材，这就是巩固知识。

为了防止死记硬背，应当帮助学生掌握合理的识记方法。我们教给学生对听讲或读书得来的东西进行逻辑分析。我们在开始讲课以前，就向学生(从五、六年级开始)提出要求："你们在听讲的时候，要注意思考材料的逻辑组成部分，你们不要花力气想把一切都从头到尾地记住，而只要记主要的东西。"学生们以浓厚的兴趣来对待这一要求，因为它是符合他们喜欢思考的这一愿望的。学生们又逐渐地过渡到完成更复杂的要求：在听讲过程中做简要的笔记，把主要的逻辑点及其顺序记录下来。

关于学生分化成各个部分的情况，我们永远不让学生知道内情。他们看到的只是教师在布置个别作业：给一些人的作业比较容易些(只限于大纲范围)，给另一些人的作业比较难一些(超出大纲范围)。教师布置这些不同的作业，目的在于使学生的才能不断地得到发展。

按照“各尽所能”的原则而进行教学和教育工作，能为提高学生集体的智力水平创造有利的条件。由于实施这一原则，可以使“差生”不失去自信心，使他们逐步地发展起一些智力技巧，而到了一定的阶段，他们就能在至少一门学科上取得好成绩。

我们不允许搞向“中等生”拉平的做法。那样会阻碍发展水平高的学生的成长，而且会使“中等生”本身也失掉前进的动力。如果有一个七年级学生对学习植物学有爱好，那么他就不限于读中学课本，而去研究生物化学，研究土壤中微生物的生命。这件事也会对“差生”的发展产生巨大影响，因为集体的智力生活是一个统一的过程。如果在一个班里有几个学生在钻研大纲以外的材料，在研究科学前沿的问题，在研究半导体、量子力学发生器和电子仪器，那么通常在这个班里就不会有物理考不及格的学生。

当教师深信必要的条件已经成熟时，他可以让能力最强的学生准备报告和学术论著综述，让科技课外小组出墙报，让学生写书评。可以举行科技晚会或晨会。可以举行演讲会，演讲者就是学生。有些问题可以通过课外小组的活动来研究。在这样的条件下，“差生”可以了解许多知识，有许多东西从他们的头脑中通过，激发他们去从事精神专注的劳动。这些“差生”由于有了一些不必识记的知识，所以他们理解和学会必修教材也感到容易些了。在物理课上听教师讲解原子结构以前，学生应当先多读一些科学杂志和科普杂志里关于基本粒子的引人入胜的文章和简介。即使他们读过的东西里还有许多不懂的东西，但是这也可以加深他们对将要学习的教材的兴趣。我们努力做到从课外的非必修的阅读开始，让学生了解数学、物理、化学各科中那些最难懂的问题。

在我们看来，学科的必修大纲对一个学生来说已是最高限度，而对另一个学生来说却只是起码的最低限度要求。

近来有人认为，为了克服学校搞唯智主义的偏向，有必要让学生参加一些体力劳动。这种观点是令人困惑莫解的。照这么说来，双手不活动就会有“智力肥大症”的危险，似乎一个人用手工作得越少，他的智慧就越发展，而在这种发展中似乎包含着什么危险。

缺乏动脑的劳动，也跟随便让人去搞一点什么体力劳动(以免他无所事事)一样，对学生的智力发展都是很有害的。我在10年期间对140名学生(从7岁到17岁)的智力发展和智力生活进行了观察，这些学生都是由于家庭生活的原因而不得不每年花几个月时间去从事不需要任何技能的、单调而沉重的体力劳动的。这种缺乏动脑的劳动的情况，在青年人的整个智力面貌上留下了痕迹：成年人都很惊奇，为什么16～18岁的男女青年在接触简单的机器和技术设施时是那么胆怯和束手无策；而且，这些人当中，也没有一个人能通过高校的入学考试。

我想，有些思维品质是只有在双手从事精巧劳动的条件下才能发展的。在我们学校，从一年级起，就开始让学生从事细心的、精巧的劳动，这种劳动的目的是要发展准确的、有目的的动作。在手工劳动课上和课外小组里，孩子们学习使用刻刀这种虽然简单然而却十分精巧的工具。手在精细的工作中好像能使头脑听从指挥，能培养人对于准确性和精密性的敏感。此外，这种工作还大大有助于培养自我检查能力，培养学生对马虎从事、漫无条理的不可容忍的态度。手能够教会头脑准确地、清晰地思考。

我们已经说过，每一位教师都要把学生必须经常保持在记忆里的基本知识的范围确定下来。学生也可以通过专门的记诵来识记这些东西，但是主要还是在运用知识的过程中记住它们。教师们努力为教材的无意识记创造一系列条件。无意识记是智力发展的重要条件，它能使头脑解放出来去解决新的任务。我们努力做到使学生通过理解、通过深入思考教材的实质而进行识记。这样的识记才是最牢固的识记。

我们学校的课堂教学、教学过程有什么特点呢？这就是学生完成实际作业、最初感知知识及巩固知识这三者的结合。

知识的巩固不作为课堂教学的一个环节，因为巩固是一个长期的过程，这个过程里包括专门的练习、实验室作业、其他的独立作业形式，还包含掌握新的知识。通过各种形式来运用知识，这是了解、检查、考核知识的最重要的、主要的途径。

我们对学生就个别问题做出的回答一般地不打分数，经验证明，这种分数是偶然的，它们对学生来说是一种“抽查”。在中年级和高年级，只有在对学生的全部学习情况(课堂作业、家庭作业、创造性作业)进行一定时期的观察之后，才给予评分。给甲生每一周打一个分数，给乙生每两周打一个分数，这要根据许多个人特点而定。

在学生的学习中，实际运用知识这一点表现得越鲜明，专门检查知识的必要性就越小。那些必须永远牢记的东西，要不脱离具体的实际作业来复习，要通过有目的地做一件什么事(解应用题、写作文、实地测量，等等)来复习。

【案例】教师要造就学生成为课堂的真正主人——孙维刚老师的教学观[①]

在课堂上，要创造条件，造成学生总是想在老师前面，向老师(包括课本)挑战，让学生在思维运动中训练思维，真正做课堂的主人。

在课堂上，什么样的学生是好学生呢？一个学生特别专心，把老师讲的功课，甚至每句话都听进耳朵，记到心里，从课堂听讲这个角度，这算不算好学生呢？还

① 孙维刚．全班55%怎样考上北大、清华．长春：北方妇女儿童出版社，2001：61～64

有人说，有的学生会听讲，知道哪些重要，能把老师最要紧的话一点也不漏掉地一一记住，而剩下的时间还可以走走神，做做小动作。我的看法，从课堂听讲这个角度来看，他们都不是理想的好学生。

如果学生只会因袭老师，历史将会凝滞。人类能有今天的进步，从教学的角度看，是许许多多优秀的学生创造性学习的结果，也是许多优秀的教师，自觉或不自觉地促成自己的学生不断超过自己的结果。正因如此，科学才不断向前发展，社会才不断进步。

从某种意义上讲，我在自己班上所做的是鼓励学生“反对”孙老师，“打倒”孙老师。如果争辩的结果，是我错了，那有什么不好？不是有什么不好，而是太好了。在课堂的争论中，老师的看法若被推翻了，那么，师生失去的只是错误，而得到的呢？除了正确的认识之外，更主要的是智力素质的发展，思维水平的提高，还有呢！还有勇气和信心。

有人说，如果开放了这座门，学生们会瞎提问题，钻牛角尖。会出现这种情况的，怎么办？我们不是有辩证法吗？去引导，去驾驭，只要真理在自己手里，而且娴熟，功底深厚、宽阔、不会出“乱子”的。学生的看法是错的，却偏偏要去推翻老师正确的认识，这样有什么坏处吗？没有。学生正是从它被打而不倒的过程中，体会到它的深深的根基。

我教他们6年数学，几乎每道例题、每个定理、每个公式，都是引导学生自己动手完成，孩子们争先恐后，抢在我的前面，想出题目的解法，想出定理的证明，甚至我刚刚写出定理的前提，他们就抢到我的前面，猜想定理的结论该是什么？再进一步，审时度势，需要建立什么概念了，并试着给他们定义，乃至我在说一句话时，他们就要求自己判断出老师的下一句话该是什么了…… 每个公式，每个定理，都让学生自己动手推导。由于历尽险阻，熟知道路上的坎坎坷坷，必将印象深刻，记忆久远，甚至终生难忘。更重要的，日复一日，年复一年，大脑机器高速运转习以为常时，不正是一个强大的头脑日臻成熟之日吗！

那么，我做什么呢？

我把舞台让给学生，自己退居幕侧。当导演，引导学生把一堂堂课演绎成一场场攻克一座座山头的战斗。让学生自己动手去发现，去归纳，去证明，去总结，去完成。有想法的同学，到讲台上来，到黑板前来讲，我则审时度势，从造就一个强大的头脑和眼前的实际出发，不时点语引句，但不是提示。不要提示！因为提示是把练习跳高的学生托过横竿去，学生此刻需要的是，纠正错误动作和发展弹跳力。

这样上课，比我自己潇洒的一言堂（无奈，我在电视台或外出的讲座只能是一言堂）下来，要难出许多，因为必须在打开了闸门的学生思维的滚滚洪流中，敏锐判断，做出应对。但学生的收效和长进却要大得多，正可谓“自己动手，丰衣足食”。

另外，教师讲，学生听，间或有些提问，其实质是学生在教师那块土地上采掘。而我把舞台让给学生，让一个个学生到前面来“慷慨激昂”的结果呢，造成了学生之间聪明才智的相互传染。这远比教师一言堂那块土地要肥沃得多。

还有，处在这样一种气氛下，教师还要维持课堂纪律吗？不要了，学生们在踊跃向前唯恐落后的心态下，哪还有心思说笑打闹、做小动作？倒是下课铃猛然打响时，许多学生吓了一跳，他们说，怎么这么早就下课了，还没过完上课的“瘾”呢！学生真正成为课堂的主人，教师维持课堂纪律组织教学的任务就相对被淡化了，甚至可以放到历史博物馆去陈列了吧。

有人说，这样上课，进度怎么办？一方面要等待学生想出来，另一方面学生的表达又不清楚，必定耽误很多时间。

开始时，会是这样的。但随着孩子们因这番过程而提高，进度将大大加快。以我们班为例，在课时并不增加的情况下，初中三年就基本学完了中学6年的数学课程，而且还增加了许多课本上没有的内容和某些大学的数学课程。

事实上，学生中蕴藏着巨大的智慧，这往往是我们始料未及的。

二、为学习而教——有效教学模式的起点与归宿

“学习”在生活中是人们最熟悉不过的词汇，而发生在学校中、课堂上的学习，则是教师最为关注的、着力研究的、特指学生的学习。教学活动中的学生学习，是一种高度组织化的社会行为，其特点突出体现在：一是有目的、有组织、有计划的学习，是在教师指导下在规定的时间、要求下进行的；二是以学生掌握间接经验为主要任务、在短时间内获得人类社会生活经验的过程；三是学习引发的是体现不同时期社会内涵的人的认知、情感、行为等整体变化。我国著名心理学家潘菽依据学生在校学习的内容和结果，将学习分为四类。①

第一，知识的学习，包括学习知识时的感知和理解。

第二，动作技能的学习，包括运动的、动作的技能和技巧。

第三，智慧技能的学习，包括心智的、以思维为主的能力。

第四，社会行为规范的学习，包括道德品质和行为习惯。

作为教师，一切教学活动的展开都是围绕引动学生学习的发生运行的。尊重初中学生的学习特点，遵循学习理论的研究发现，就成为教师教学实践的基本依据和起点。

（一）走近“学习理论”

学习现象本身的复杂性与人类研究学习活动的逐渐深刻与丰富，呈现出了不同

---

① 卢家楣．学习心理与教学．上海：上海教育出版社，2000：7

的学习理论。学习理论是关于学习本质、学习过程、学习机制、学习条件及其影响因素等方面的理性界说。而了解学习理论，对于教师而言，是从事教学工作的知识基础，对理解教学、促进学生学习具有指导意义。

1. 行为主义学习理论

行为主义是20世纪初创立的西方心理学主要流派，认为学习是刺激与反应之间关系的联结。其基本假设是：行为是学习者对环境刺激所做出的反应。应用在学校教育实践上，就是要求教师掌握塑造和矫正学生行为的方法，为学生创设一种环境，尽可能在最大程度上强化学生的合适行为，消除不合适行为。桑代克、斯金纳等都是行为主义学习心理学的代表人物。

桑代克的联结主义学习观

桑代克是第一位通过动物实验系统研究学习问题的心理学家。他从1896年开始，在哈佛大学用小鸡、猫、狗、鱼等动物作为实验研究的对象，系统地研究了动物的学习行为，1898年，桑代克做了关于猫的学习实验。他把一只饿猫关入迷笼(问题箱)中，笼外放有鱼和肉。笼中有一个踏板用绳子和门钮连在一起，只要踏下踏板，笼门就可打开。猫在笼中用爪够不到食物，于是乱咬、乱蹦。后来偶然碰到踏板，笼门打开，取到食物。然后又将猫放回笼中，猫仍然需要经过乱咬、乱跳等过程才能逃到笼外。但随着实验次数的增加，猫的无效动作逐渐摒除，打开笼门所需的时间逐渐减少。最后，猫一入笼内，就能打开笼门而取得食物。由此桑代克提出他的学习理论。

桑代克认为，学习的实质在于形成刺激—反应之间的联结，其学习过程都是经过先错误反应多正确反应少，而后逐渐趋于正确反应多错误反应少，直到全部正确而无错误的尝试的渐进过程，也称作试误学习，并遵循三条学习定律。

(1)准备律：是指当学习者有准备而给以活动就感到满意，有准备而不活动则感到烦恼，学习者无准备而强制以活动也会感到烦恼。

(2)练习律：是指一个已形成的可以改变的联结的应用会增强这个联结的力量，而联结的失用(不练习)则会使联结减弱。

(3)效果律：是指情境与反应之间的联结因伴随着满意的结果而增强，因伴随着烦恼的结果而减弱。认为烦恼对联结并无直接的削弱，只承认满意能增强联结。

桑代克提出的学习规律尽管有些简单，但强调了学习是通过行为受到奖励而进行的，突出了强化在学习中的作用，对于教师的教学有一定的启示。

斯金纳的学习实验研究

斯金纳是行为主义后期对学习理论影响最大的心理学家。他在特制的实验箱(斯金纳箱)内研究了白鼠的学习。在箱内装有一个杠杆，杠杆与传递事物的机械装置相连，只要杠杆一被压动，一颗食丸便滚进食盘。白鼠被放进箱内，自由活动，当它踏上杠杆时，有食丸放出，于是吃到食物。它一旦再按压杠杆，食丸又滚出，反复几次，白鼠就学会了按压杠杆来取得食物的条件反射。斯金纳将这种条件反射叫作操作性条件反射。斯金纳学习理论的基本观点包括以下几个方面。

(1)经由条件反射发生的学习分为巴甫洛夫的经典性条件反射发生的学习和操作性条件反射发生的学习。其中前者是应答行为，是由条件刺激引起的，反应是被动的；后者是个体在刺激情境中出现的多个自发性反应，是主动的。

(2)操作性行为形成的重要手段是强化。强化是使个体反应的频率增加的一切处理。产生强化作用的刺激称为强化物。强化是构成学习的必要条件，分为两种：一是正强化，指由于某刺激的出现而增加个体反应频率的强化，如给予奖赏。二是负强化，指由于某刺激的消除而增加个体反应频率的强化，如不予惩罚。由于正负强化都是个体的有效反应所致，个体自己的行为后果决定着以后的行为，或可因努力获得成功而继续努力，或可因逃避免于惩罚而继续逃避。因而操作性条件反射中的强化，也叫后效强化。

(3)强化的方式可分为两类：一类是根据个体操作性反应后强化物是否立即呈现来划分，分为立即强化和延时强化。研究显示立即强化的效果优于延时强化。另一类是根据个体操作性反应是否每次都呈现来划分，分为连续强化和部分强化。研究显示，部分强化的效果优于连续强化。

(4)个体复杂行为的学习过程就是连续渐进的塑造行为过程。应用在教学上就是实施程序教学，即把学习的内容编制成"程序"安装在机器上，学生通过机器上的程序显示进行学习。后来还发展到不用教学机器，只使用程序教材的程序学习。为此，斯金纳提出了编制程序的五条基本原理(原则)。

——小步子原则：把学习的整体内容分解成由许多片段知识所构成的教材，把这些片段知识按难度逐渐增加排成序列，使学生循序渐进地学习。

——积极反应原则：要使学生对所学内容做出积极的反应，否认"虽然没有表现出反应，但是，的确明白"的观点。

——及时强化(反馈)原则：对学生的反应要及时强化，使其获得反馈信息。

——自定步调原则：学生根据自己的学习情况，自己确定学习的进度。

——低的错误率：使学生尽可能每次都做出正确的反应，使错误率降到最低限度。

斯金纳倡导的程序教学一方面注重了学习的循序渐进与及时纠错；另一方面有助于加速学习，提高学生的学习积极性和自学能力。但这一理论关注的学习主要是以掌握知识为目标的个体化学习方式，易造成学生学习知识的刻板、孤僻，忽视学习过程中的人际交往和教师引领。

2. 认知主义学习理论

认知主义学习理论是西方心理学的又一大流派，是对行为主义心理学忽视个体内部心理活动的观点和做法的不满和反抗的产物。该理论强调整体观，注重人的学习的内部心理过程，注重学习过程中内部心理结构、认知结构或图式的建构。

格式塔学习理论

格式塔学派又名完形学派，1912 年产生于德国，这一学派的学习理论是针对桑代克的学习理论提出来的。他们强调经验和行为的整体性，反对行为主义的“刺激—反应”公式，重新设计了动物的学习实验。在苛勒的典型实验中，把黑猩猩关在笼中，笼外放有香蕉和一长一短的两只木杆。黑猩猩在笼内不能直接够到香蕉。黑猩猩用“手”够香蕉失败后，停止活动，四处张望，若有所思。之后，它突然起身，用短杆取到长杆，再用长杆够到了香蕉。这一系列动作是一气呵成的。由此，苛勒认为，黑猩猩对问题的解决是由于突然领悟即顿悟实现的，学习不是逐渐地试误过程，而是对知觉经验的重新组织，是对情境关系的顿悟。

(1)学习是组织一种完形。完形或称“格式塔”就是指对事物的式样和关系的认知。学习过程中问题的解决，是由于对情境中事物关系的理解而构成一种完形来实现的。无论是运动的学习、感觉的学习、感觉运动的学习和观念的学习，都在于发生一种完形的组织，并非各部分间的联结。

(2)学习是通过顿悟实现的。学习的成功和实现完全是由于“顿悟”即突然的理解，而不是“试误”“尝试与错误”。顿悟是对情境全局的知觉，是对问题情境中事物关系的理解，也就是完形的组织过程。

格式塔学派重视知觉组织和解决问题的过程以及创造性思维，为现代认知心理学奠定了基础。

布鲁纳学习理论

布鲁纳认为不能以实验室内研究狗、猫、鼠、猩猩等学习现象来推论人类个体的学习过程，必须要到人的学习一线进行研究。他强调调动学生的主动探索，从事物和现象的变化中去发现真理，才是构成学习的主要条件。因而他的学习理论被称为发现学习论。

(1)人是通过认知表征的过程来获得知识、实现学习的。认知表征就是指通过知觉而将外在事物转换为个体内在心理事实的过程，其表征方式会随着个体年龄而发展，表现为三个阶段：第一阶段，婴幼儿时期(一两岁)的动作表征，主要是依靠动作来认识世界、获得知识。第二阶段，三岁至七岁儿童时期的映像表征，开始在头脑中利用视觉和听觉的表象或映象表现世界、获得知识、解决问题。第三阶段，大约从六七岁开始的符号表征，个体能运用符号、文字再现世界、学习和获得经验。个体认知结构中三种表征同时存在，相互补充，共同完成认知活动。这三种不同的认知方式体现了三种不同的学习方式。

(2)人的学习是主动学习。具体表现为：一是重视已有经验在学习中的作用，学习者总是在已有经验的基础上，对输入的新信息进行组织和重新组织。二是重视学生学习的内在动机与发展学生的思维。学习的最好动机是对所学材料本身的兴趣，不宜过分重视奖励、竞争之类的外在刺激。

(3)提倡发现学习。发现学习就是让学生独立思考，改组材料，自行发现知识，掌握原理、原则。布鲁纳认为教学不仅应当尽可能使学生牢固地掌握科学内容，还应当尽可能使学生成为自主且自动的思想家；这样的学生当他在正规的学校教育结束之后，将会独立地向社会迈进。

布鲁纳将认知学习理论付诸教学实际，为教改提供了理论基础，引起了教育工作者在教学过程、教材编写等方面观念上的变革。

奥苏贝尔有意义学习理论

奥苏贝尔从20世纪50年代中期开始致力于有意义言语材料的学习与保持的研究，60年代提出了有意义学习理论。他认为从接受式—发现式和意义性—机械性两个维度上划分，可以把学习分成四种，而学生在学校的书本知识的学习绝大多数是有意义的接受学习。有意义的学习，就是在新知识与学习者原有知识之间建立起非人为的、实质性的联系。所谓非人为的联系，是指新知识与认知结构中有关观念在某种合理的或逻辑基础上的联系。所谓实质性联系，是指新的符号或符号代表的观念与学习者认知结构中已有的表象，已经有意义的符号、概念或命题的联系。有意义学习是通过新信息与学生认知结构中已有观念的相互作用才得以发生。为此，有意义学习需要具备内外部条件。

(1)外部条件是指学习材料本身必须具有逻辑意义，即材料本身能够与个体认知结构中的有关观念建立起非人为的、实质性的联系。

(2)内部条件包括两个方面：一是学习者必须具备有意义学习的心向，即具有积极主动地将符号代表的新知识与学习者认知结构中原有的适当知识加以联系的倾向。二是学习者认知结构中必须有适当的知识基础，以便与新知识进行联系。学习者必须将这种具有潜在意义的新知识与他们的认知结构中有关的旧知识发生相互作用。

为了促进有意义学习的进行，奥苏伯尔提出了使用“先行组织者”的教学策略。“先行组织者”是先于学习材料呈现之前呈现的一个抽象概括水平较高的引导性材料，是一个概念、一条定律，或一般概括性说明文字，是新知识与旧知识发生联系的桥梁。组织者与学习者认知结构中已有观念相联系，提供一个能将新旧知识联系起来的一般观念，为学习新观念提供一个“观念固定点”，使新知识顺利地纳入到已有的认知结构中去，有效地促进演绎教学，帮助学习者组织要学习的材料。

加涅信息加工学习理论[①]

加涅的学习理论是在行为主义和认知观点相结合的基础上，运用现代信息论的观点和方法，通过大量实验研究工作建立起来的。他认为学习过程是信息的接收和

① 路海东．教育心理学概论．参见 http：//edu6. teacher. com. cn/tln016a/nr/2. 2. htm

使用过程，是主体和环境相互作用的结果，而学习者内部状况与外部条件是相互依存、不可分割的统一体。

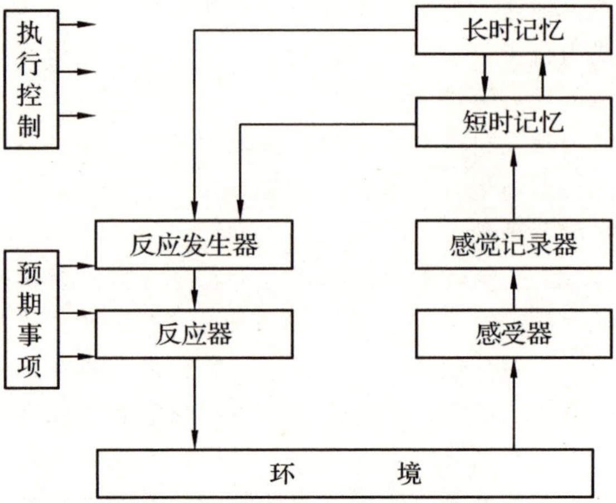

图 1-2　加涅的学习结构模式

(1)学习结构模式(见图 1-2)。加涅的学习结构模式分为两个部分：第一部分是右边的结构叫操作记忆，是一个信息流。来自环境的刺激作用于学习者的感受器，然后到达感觉记录器，信息在这里经过初步的选择处理，停留的时间还不到一秒钟，便进入短时记忆，信息在这里也只停留几秒钟，然后进入长时记忆。以后当需要回忆时，信息从长时记忆中提取而回到短时记忆中，然后到达反应发生器，信息在这里经过加工便转化为行为，作用于环境，这样就发生了学习。第二部分是左边的结构，包括预期事项(期望)和执行控制两个环节。预期环节起着定向的作用，使学习活动沿着一定方向进行。执行环节起调节、控制作用，使学习活动得以实现。第二部分的功能是使学习者引起学习和改变学习，加强学习和促进学习，同时使信息流激化、削弱或改变方向。

(2)学习过程的阶段性。加涅认为，学习的外部条件和内部条件应加以区别，发生在学习者头脑里(中枢神经系统)的内部活动是学习过程，它是在外界影响下发生的。教学是有目的、有计划地发动、激发、维持和提高学习者学习的一整套外部条件。在此基础上，加涅提出了他的学习过程的八个阶段和相应心理过程的假设(见图 1-3)。

(3)强调已有认知结构在学习中的作用。加涅认为，新的学习一定要适合学习者当时的认知发展水平，即学习者已经发展形成的认知结构。认为学习要在学习者内在认知结构和新输入的信息之间，建立起相互联系和相互配合的新结构。学习的理想条件是要把新输入的信息与学习者已有认知结构之间所存在的矛盾或差距，给予适当调整。这样，新信息能纳入已有认知结构中去，并建立新的认知结构。新的

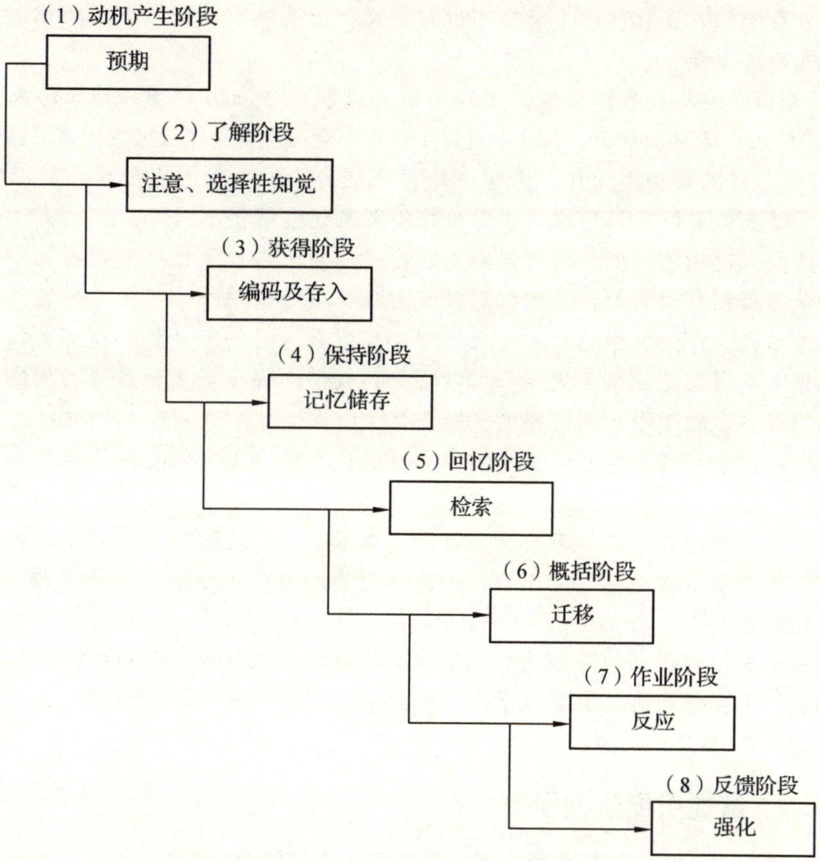

图 1-3　加涅的八个学习阶段和相应的心理过程

认知结构是高一级学习的基础，这样认知结构得到逐级发展和提高。

加涅的学习理论注重学习的内部条件和学习的层次，重视系统知识的系统教学及教师循序渐进的指导作用，为控制教学提供了一定的依据，对实际教学有参考价值。

3. 建构主义学习理论

建构主义学习理论是学习理论中行为主义发展到认知主义以后的进一步发展，皮亚杰和维果斯基都是建构主义的先驱者。作为学习理论的一种新发展，建构主义学习理论对于教师进一步认识学习的本质，揭示学习的规律，深化教学改革都有很大影响。

(1)学习是积极主动的建构过程。学习者不是被动接受外在信息，而是根据先前人之结构主动地和有选择性地知觉外在信息，建构当前事物的意义。

(2)知识是个人经验的合理化而不是说明世界的真理。因为个体先前的经验毕竟是十分有限的，在此基础上建构知识的意义，无法确定所建构出来的知识是否就是世界的最终写照。

(3)知识的建构具有社会性。建构知识的过程中学习者必须与他人协商并达成一致，不断加以调整和修正，在这个过程中，不可避免地受到社会文化因素的影响。

(4)学习者的建构多元化。由于事物存在的复杂性，学习者的学习具有一定的情感性、经验差异性，每位学习者对事物的意义建构都将不同。

整体看，建构主义的学习观强调先前经验的重要性，突出以学习者为中心，主张尊重学习者和互动学习，这些都对教学实践有指导作用。

总体来说，作为学生有目的、有计划、有意义学习的专业教学指导者，教师通过了解有关学习理论的基本观点，可以感受到教学中促进学生有效学习的研究动态和发展趋势。在教学中，教师要做到以下几个方面。

第一，以学习者为中心，关注学生学习的自主性和差异性，基于经验创设学习氛围。

第二，视学习者为参与者与合作者，注重组织学生之间的互动交往活动。

第三，从学习者生活实际出发，增进学习活动与学生生活、社会实践、解决问题的密切联系。

第四，对学习者适时反馈指导，发挥教师对学习的规划、引领和支持作用。

第五，重视学习者的有意义学习，强调学习服务学生可持续发展、综合素质提高的教育追求。

(二)了解初中学生的学习

初中学生是12～15岁的青少年。与小学时代的学习相比，初中学生处于向高级中学学习过渡阶段，其身心发展包括学习特征也处于从少年向青年的过渡时期。他们可塑性大，既处于掌握基础知识、基本技能的最佳时期，又处于为今后发展创造条件的重要时期。与初中阶段学校的课程设置、学习任务与毕业流向相适应，初中学生所体验的学习必然呈现出自身的学段特点。

1. 学习内容逐步深化、学科知识逐步系统化

在小学期间，学生的学习内容相对比较简单，科目也相对简化。其主要学习语文、数学等最基础的课程，接受一些直观、感性的知识，尚没有细化了的、完整的学科知识。老师的教学也更强调趣味性和直观性，而不是知识的完整性。

进入中学以后，学生的学习内容逐步加深、课程门类逐渐增加(见表1-1)。① 如语文、数学、英语这些小学曾学习过的课程，由直观的、感性的、零碎的知识点变

① 教育部关于印发《义务教育课程设置实验方案》的通知．参见 http：//www.moe.edu.cn/publicfiles/business/htmlfiles/moe/moe_711/201006/xxgk_88602.html

成了更为完整、系统的知识体系，并更加突出能力要求；同时，物理、化学、思想品德、历史、地理、生物等的知识学习与能力发展都成为重要的学习内容，成为学生持续发展必备的文化素养基础。而艺术、体育健康以及具有选择性的校本课程成为学生素质提升的实践性、个性化的学习体验。这些课程的知识、能力、思想方法、生活体验等学习生活，对于初中学生来说，会因个体差异而不同程度地感受到课业负担增多。教师在教学中也越来越注重传授知识的严密性，注重学生思维方法、思维能力、生活应用能力的培养，除要求学生识记大量的定义、原理等陈述性知识点外，更重要的是培养学生发现问题、分析问题和解决问题的能力。

表 1-1　义务教育课程设置

<table>
<tr><td></td><td colspan="9">年　级</td></tr>
<tr><td rowspan="11">课程门类</td><td>一</td><td>二</td><td>三</td><td>四</td><td>五</td><td>六</td><td>七</td><td>八</td><td>九</td></tr>
<tr><td colspan="2" rowspan="3">品德与生活</td><td colspan="4" rowspan="2">品德与社会</td><td>思想品德</td><td>思想品德</td><td>思想品德</td></tr>
<tr><td colspan="3">历史与社会
（或选用历史、地理）</td></tr>
<tr><td colspan="4">科学</td><td colspan="3">科学
（或选用生物、物理、化学）</td></tr>
<tr><td>语文</td><td>语文</td><td>语文</td><td>语文</td><td>语文</td><td>语文</td><td>语文</td><td>语文</td><td>语文</td></tr>
<tr><td>数学</td><td>数学</td><td>数学</td><td>数学</td><td>数学</td><td>数学</td><td>数学</td><td>数学</td><td>数学</td></tr>
<tr><td></td><td></td><td>外语</td><td>外语</td><td>外语</td><td>外语</td><td>外语</td><td>外语</td><td>外语</td></tr>
<tr><td>体育</td><td>体育</td><td>体育</td><td>体育</td><td>体育</td><td>体育</td><td>体育与健康</td><td>体育与健康</td><td>体育与健康</td></tr>
<tr><td colspan="9">艺术
（或选用音乐、美术）</td></tr>
<tr><td colspan="2"></td><td colspan="7">综合实践活动</td></tr>
<tr><td colspan="9">地方与学校课程</td></tr>
</table>

2. 学习成绩出现分化并逐渐加剧

伴随学习任务的增多、学习要求的加深，加上初中学生自身在心理上的波动和生理上的变化，都容易导致初中学生在学业成绩上产生波动，出现分化现象。有关研究显示，小学阶段的学习成绩与初中阶段的成绩关系不大，初中阶段的学习成绩与高中学习呈明显相关。可见初中阶段的学生学业成绩很值得关注。一般来说，经过预初、初一的学习适应和调整，学生的学习习惯和方法基本形成定势，成绩的差异也就逐渐明显。初二年级往往被称为学生成绩水平的“分水岭”，因为物理等自然科学课程相继开设，对学生逻辑思维能力的要求越来越高，智力在学习中的作用也表现得越来越突出，这时，学生的学习开始呈现出好的更好、差的更差的现象，“好”与“差”的成绩差距随着学习进程的推进会表现出越拉越大的状况。同时，必须看到，学生的成绩与学生的学习意向、习惯等自我管理能力密切相关。成绩优秀的学生往往有较高的学习期待，能够合理地安排时间，方法得当，学习轻松自如且学有余力；成绩较差的学生往往学习兴趣与期望不高，习惯与方法欠妥，学习变成沉重的负担。

3. 学习的自觉与依赖、主动与被动并存

与小学阶段不同，学生在初中阶段学习自觉性与独立性逐步增强。教师课堂教学中比较注重启发学生独立思考，要求学生更多地独立安排自己的学习活动。家长在家庭教育中对孩子学习的直接指导也因学习难度的增加而力不从心。由此，自主学习、独立学习的能力强弱成为决定学生学习能力、学习成绩差异的主要因素。往往学习依赖性大的学生成绩每况愈下，难以适应初中阶段的学习要求。初中学生的学习自觉性和主动性整体来说比小学阶段有所增强，但学生之间存在显著的差异。一些学生的自觉性和主动性不能持久保持，一旦教师和家长的管理稍有松弛，就无法自制，难以抗拒来自手机和电脑游戏、言情小说、不健康的网络信息、网络聊天工具等的诱惑，沉迷其中不能自拔，严重影响学习，导致学习成绩的下降；相反，自觉性、主动性比较强的学生则能保持相对持久和稳定的学习状态，养成良好的学习习惯，具有较强的自我管理能力。作为发展中的青少年，初中学生正处于自觉与依赖、主动与被动性并存的时期，学习意志品质的培养与适当的学习方法的指导就成为重要的教育内容。

(三)加强初中学生的学习指导

当教学以学生学习、学生发展为中心展开时，教学目标就成为基础教育课程目标的具体承载。在教学中，“教师应尊重学生的人格，关注个体差异，满足不同学生的学习需要，创设能引导学生主动参与的教育环境，激发学生的学习积极性，培养学生掌握和运用知识的态度和能力，使每个学生都能得到充分的发展。”[①]简言之，教学活动应成为学生体验学习、全面发展的生活体验，以学生为学习主体，在学生的学习动机、学习兴趣、情绪、意志、方法等方面提供学习指导，是教师在教学中给予学生的不可缺少的“支架”。

1. 激发和培养学习动机

学习动机是指直接推动一个人进行学习活动的内部动力。曾有人做过概括：学习成绩＝f(动机×IQ×原有认知结构)，即学习动机是制约学习成绩的主要变量之一。事实上，学习动机因其具有引发、导向、调节学习活动的作用，不仅直接关系到学生在学习活动中的努力程度，而且也是各种内在因素中最活跃、最集中体现学生主观能动性的心理成分。对于学生学习动机的激发和培养，是教师在设计和组织

① 基础教育课程改革纲要(试行). 参见 http：//www.edu.cn/20010926/3002911_1.shtml

教学中针对学生学习指导的重点。

影响学生学习动机的因素

学生的学习行为是在主观需要与客观事物共同作用下，通过内驱力和诱因的形式引发的。具体包括：一是价值观，是学生在成长过程中逐渐萌发和形成的，多以兴趣、信念、理想等具体形式表现出来。二是情感，是学生在学习活动中的态度体验，表现为情绪的高涨或低落所支配的不同的行动选择。三是认知，是学生对于学习行为所具有的价值判断的主观评价，而学生自己对于学习能力的判断会让学生获得关于学习的自我效能感并直接影响学习动力，学生自己的学习目标的清晰明确程度也影响着学习内在动力的程度。此外，学习中的新知识与学生原有经验之间产生的冲突，也会让学生做出或好奇、探究，或拒绝、逃避的不同行为选择。学生对于学习行为后果的不同归因也会影响后续行为——如将学习失利归结于外部的、不可控因素往往会降低行为动力，归结于内部、可控因素则会增强行为动力。

在教学中激发学习动机

培养和激发学生的学习动机，既是促进学生学习的手段，也是教学的目标所在。其中培养重在形成学生的学习动机，激发重在引动学生的学习动机，两者共同伴随着教学实施过程，成为教师教学的重要任务之一。

(1)加强学习信念、理想教育。在初中学生身上，儿时较为单纯的好奇心已经失去支配地位，代之以不断形成的兴趣爱好和理想信念。教师在教学中，应抓住初中学生这一关键年龄阶段的特点，结合教学内容进行适当的指导，从根本上培养学生的积极正确的学习动机。

(2)发展学习兴趣。心理学研究表明，原始的认知需要是一个健康的人类有机体所具有的一种带生物学本能特征的需要，表现为一种好奇心，随新奇事物的产生而产生，随新奇事物的消失而消失。教师在教学中应抓住学生的这一原始特性加以引导，把学生不稳定的好奇心引向对于人文、社会、科学、健康的稳定兴趣上，培养学生的内在学习动机，使学生感受到学习的乐趣。

(3)提供学习诱因。创设刺激学生探究需要的问题情境，营造生动有趣的教学“小气候”，帮助学生确立适当的具体学习目标，都有助于引发学生直接或最近的学习诱因，进而增强学生的学习内驱力。

(4)给予适当反馈与成功体验。教师结合学生的学习进程把握好进度、难度，及时提供适当的反馈，特别是让学生处于安全、友好的心理环境中，有机会体验到学习的成功感，可以强化学生的自我效能感，增进其学习动力的稳定性。

2. 尊重学生的个别差异

尽管班级授课不断受到挑战，但是，无论班级如何变化与组合，班级教学始终是现代教学的基本组织形式，教师在班级教学中只有关注到学生之间的个体差异，才能收到较好的教学效果，使每位学生在适合的教育中获得不同的发展。

学生学习的个体差异

同样年龄的学生，同一班级的学生，总会在学习活动中表现出个体的差异性以及群体的丰富性。总体来说，学生的学习因个体经验、能力、性格、习惯、方法的不同而显现出不同的水平与状态。具体来说，主要体现在以下几个方面。

(1)知识经验差异。尽管是十几岁的青少年，初中学生在个人的知识经验上也具有丰富的内涵。如在课内知识学习上，不同学生对过去所学过的符号、概念、原理、规则、方法，所经历的学习活动及其情境等的理解、掌握程度都不同；又如在日常生活经验上，不同学生因家庭背景、生活环境、生活体验的不同而更为生动、形象、鲜活。

(2)学习能力差异。一般来说，学生的学习能力差异主要体现在智力差异上。就初中学生而言，多数人处于智力中等水平上，也会有少数人智力发展水平较高或较低，整体处于正态分布状。就性别差异而言，男性智力的离散程度比女性大；初中女生的智力发展略早于男生。研究表明，学生的智商高低影响着学生的学习数量和质量。智商较高的学生往往学习质量高、速度快、过程轻松、方法有效，也能保持更长久的学习；而智商较低的学生在学习上的体验则相反。

(3)认知风格差异。认知风格是人们在认知活动中独特的信息加工的方式，是稳定的心理特征，在个体间有多样的差异。如在解决问题中，有的学生倾向于深思熟虑，有的学生倾向于迅速完成，表现为沉思型与冲动型的差异；又如有的学生不易受外在因素的干扰，常常保持自己的独立判断和见解，有的学生则易受到他人特别是权威人士的影响，善于察言观色，难以做出自己的独立判断，表现为场依存与场独立的差异。

(4)性格、气质的差异。每个人特有的神经系统特性、生活环境、活动经验和教育基础都使人在对现实的态度和行为方式方面形成性格差异。良好的性格能让学生保持良好的心境，促进学业的成功，而学业的成功又促进学生的乐观、开朗和进取性格的形成。气质是人的心理活动发生的速度、力度、变化快慢与均衡程度以及心理意向等动态性质的心理活动动力特征，在一定程度上影响着学生的学习。研究显示，在解决问题的独创性上，多血质明显优于其他三种气质；在学习灵活性上，抑郁质优于其他三种类型，但在敏捷性上则差于其他三种类型。

针对学习差异的教学

学生在学习中的差异性表现，要求教师在教学中要了解学生的学习特点，引导学生在达成教学目标的过程中参与共同的学习活动，同时兼顾个性化学习，为学生学习提供丰富的、生成性的、多元化的课程资源，通过交流与互动为学生的共同发展和个性发展奠定基础。根据每个学生学习和发展的实际，施以有所区别的教学，使每个学生能在各自的基础上得到充分的发展，是教师必须遵循和坚持的教学原则。因材施教、分层教学、分类指导是教学活动展开的基本思路。

(1)基于调研，确定差异性教学目标。如有的教师以作业、谈话等方式观察、了解学生的学科兴趣和学科基础，进而在教学目标任务的确定上体现一定的梯度，充分考虑不同学生的学习可能性，同时为学生的学科发展潜能提供个性化空间。

(2)基于课程标准，增加可供学生选择的教学内容。正如有的教师所提出，在有关学科教学的备课上可兼顾三个“不同”：一是传授知识的深度、广度不同；二是作业的量和难易程度不同；三是认知结构不同，识记、理解、掌握、综合运用，有轮级，有坡度。[①]

(3)基于经验，采取灵活性教学形式。如有的学校针对年级学生不同学科的学习水平采取分学科走班教学或分层教学，教师在不同层次的学生教学班级中采取不同的教学方法，以适应学生的学习基础；有的教师在教学中根据任务进程，将集体学习、学生分组学习和个人独立学习等不同方式组合在一起，以学生差异为资源增进学习的互动与互助。

(4)基于任务，采取分层次教学评价。如有的教师将学生的作业、练习以及测试分为基础内容和选择性内容，让不同学生的学科学习过程与成果有所不同，一方面兼顾学生学习的共同基础，另一方面也让不同学生的学习效能感因评价差异而各得其所。

【案例】“我一定要启动学生的学习”[②]

九年级的学生们正在轮流朗读“老水手之歌”。克内特尔女士听着。朗读毫无表情和节奏。一个同学朗读的时候，其他同学毫不在意。躁动和不安对课堂造成了一些不良影响。

在几天前设计这一课的时候，克内特尔女士推测这一首诗同学们肯定能理解。它有海上的风暴，精灵的诅咒，后来变为蛇的水手和其他神奇事件。这首诗生动而富于想象和哲理。尽管有些人认为它不是最好的浪漫诗歌，但是，它似乎是使同学们熟悉浪漫诗歌的最好的材料。

在课程进行过程中，克内特尔女士认识到她高估了这首诗歌在激发学生想象方面的潜力。她随机提出这样的问题：“为什么科尔里奇会选择这样一首诗?”“为什么古代水手会把这首诗讲给来参加婚礼却对诗歌一窍不通的客人?”学生们目瞪口呆地坐着，她认识到课堂这样下去毫无意义。然而，她又能怎样呢?

真正的危机还没有出现。学生尽管有些躁动不安，但是他们还没有失控。她还可以暂时继续目前的教学活动，并且可以抽空思考。

她认为办法之一是安排学生默读和回答她写在黑板上的问题。与此同时，她还

① 黄芳志．尊重学生个体差异 全面实施分层教学．参见 http：//www.tyyz.com.cn/(S(qm3lagvvehflqqrg1btf5v55))/Item.aspx? id＝3467

② [美]威廉·威伦等．有效教学决策．李森，王纬红，主译．北京：教育科学出版社，2009：6～8

可以在教室内来回走动，帮助学生学会独立学习，因为许多学生不愿大声问问题。第二个办法是为每个小组指定一名阅读能手，每个小组可以一起阅读其中的一段。这样可以提高学生课堂参与程度。还有一个办法是让学生把这首诗中描绘的某些情节表演出来：射杀信天翁、船员的激动以及蛇神驾船并对抗参加婚礼的客人等。对那些阅读能力不好的学生来说，这可能是一种呈现这首诗歌内容的有效方法，并且可以提高大家对这首诗歌的兴趣。

克内特尔女士思考了每一种办法的可能结果，但是它们没有一个是十全十美的。于是，她想出了一个更加诱人的主意。为什么不召开一次班会让学生们有机会表达自己的感受和发布自己的见解呢？这样也可以帮助自己思考这个问题。她这样做的长远打算是让学生具有一定的权利和承担相应的责任。她清楚地意识到这个目标对她教学决策会产生影响。

“同学们！我们好像遇到了麻烦。”她说，“你们认为我们有必要讨论一下吗？我们花25分钟的时间来开一次班会。像上次一样，把我们的椅子移动一下，围成一个圆圈。”

克内特尔女士作为一名讨论成员和学生们坐在一起。她问玛吉愿不愿意来主持这次讨论。就这样，一场生动的讨论便开始了。有些学生认为这首诗烦得要命，没有什么学习的必要。其他学生却说，尽管他们难于用语言来说明自己的观点，但是他们很喜欢这首诗。最后格里问道：“老师，您认为这首诗对我们有用吗？如果有用，那么怎样才能使它发挥出这种作用呢？”

在同学们就其观点进行为时20分钟的讨论时，克内特尔女士抓住机会对这个问题进行了思索，并形成了自己的答案。格里为总结这次讨论提供给了机会。

“同学们，在学校，你们很少能够学到可以直接派上用场的东西。但你们所学到的东西会成为你们的一部分，并且会有助于提高大家的理解力和鉴赏力。这首诗写于190年前，从那时起，人们写了很多诗，但是今天人们知道的却很少，而这首诗依然为人们所耳熟能详，为什么？这主要是它向人们展示了美。像其他诗一样，这首诗能够极大地发挥人们的想象力。”

学生们静静地坐着，格里和其他几个学生说他们以前确实没想到过这些。泰勒说，“大体上说，我仍然不喜欢这首诗。但是我知道了别人是怎样喜欢它的。”这时，下课铃响了。学生们继续谈论着这首诗的优缺点。

克内特尔女士现在从学生那里看到了对这首诗的浓厚兴趣。她认识到她的职责是激发学生对教学内容进行理性思考。她想，明天她可以根据教学计划，以学生自己的生活经验为起点，引导学生更加深入地理解这首诗。

其实，上面的教学情境在初中课堂中十分常见，教师经常会因学生冷漠无情的态度而心灰意冷、不知所措。而此时，是继续自己的已有计划而不管学生，还是从调动学生出发，快速反应，生成新的策略与方法？这中间，支持教师做出具有教育意义的教学行为的，一定是教师对于教学本质、教学价值的执著坚持。

对于学生而言，为什么学？学了有什么用？学了又能如何？他们并不是很明白。需要在教师的不断引导下，走进课堂教学，在其中建立起各种关系，逐渐显现出学习主体的兴趣、目标、方法和结果。而通过教学活动，学生收获的不仅是知识，更有对知识的态度、与知识的自觉对话以及后继的更多的学习行动。

【案例】××校教师设计的学生学情调查表

亲爱的同学：你好！为了进一步了解你们的学习情况，以便我们改进教学，更好地为你们提供支持和帮助，特进行本次问卷调查。请你根据自己的真实情况填写。谢谢！

1. 你的学习状况(　　)

A. 很好，学习非常主动　　B. 学习认真，但仍然有潜力可挖

C. 学习一般，基本完成各课任务　　D. 差，基本上是混日子

2. 作业完成情况(　　)

A. 好，能及时上交　　B. 一般，部分科目或题目放弃了

C. 基本做完了　　D. 差，基本上不能完成

3. 你觉得各科作业量如何(适中(A)、多了(B)、少了(C))

语文(　　)数学(　　)英语(　　)物理(　　)化学(　　)政治(　　)历史(　　)地理(　　)

4. 你上课有做笔记的习惯吗(　　)

A. 有且要求非常严格　　B. 有但内容够完整

C. 偶尔有　　D. 没有

5. 你对自己目前的学习状态(　　)

A. 很满意　　B. 比较满意　　C. 一般　　D. 不满意

6. 有关学习方法，你(　　)

A. 从来没有意识到学好得讲究方法

B. 偶尔想到，但没有去尝试寻找好方法

C. 试着去实践别人介绍的方法，一段时间后又放弃了

D. 经过一定时间的尝试，已把握适合自己的学习方法

7. 你有制订学习计划的习惯吗(　　)

A. 有　　B. 没有　　C. 偶尔有　　D. 有但未坚持执行

8. 你在学习时努力在规定的时间内完成预定任务吗(　　)

A. 很少这样　　B. 部分时间这样　C. 经常这样　　D. 总能如此

9. 学习中遇到困难，你主要采取的措施是(　　)

A. 请教同学　　B. 主动请教老师　C. 自己查有关资料、参考书目

10. 你有课前预习的习惯吗(　　)

A. 有　　　　　　　　　　　　　　B. 没有

C. 有，但没形成习惯　　　　　　　D. 老师要求就会有

11. 关于复习，你属于(　　)

A. 在平时和考试前都不复习　　　　B. 平时不复习，考试前复习

C. 平时和考试前都复习　　　　　　D. 在平时有时能自己复习，考试前复习

12. 你的复习方法是哪一种(　　)

A. 把学过的内容看一遍

B. 把重点内容看熟练

C. 经回忆学过的内容，抓住重点和难点，有疑问的地方及时问

D. 除弄懂平时所学的，学完一个单元就自我整理一下

13. 每次测试后，你(　　)

A. 等着老师统一订正

B. 错的那几个，找考得好的同学看一下，抄上正确答案

C. 思考错题，能订正的就订正，想不出的抄一下

D. 自己认真思考，逐一订正，想不出的请教同学或老师

14. 如果老师上课让你回答问题，你会怎样(　　)

A. 抓住机会，锻炼自己　　　　　　B. 埋怨老师多此一举

C. 假装不会，默不作声　　　　　　D. 看书回答问题

15. 同学们听课有各种不同的听课方法，你的听课方法是(　　)

A. 只是听，不记笔记

B. 一边听，一边把老师要求记的记下来

C. 一边听，一边想，记下重要的内容

D. 边听边想边记，有疑问的地方在课内或课外与老师、同学讨论

16. 下面情况中，会使你听课时注意力不够集中的是(　　)

A. 对上课内容不感兴趣，不想听

B. 不喜欢授课教师

C. 受其他感兴趣的事吸引

D. 不管哪种情况，注意力都能集中

17. 上课时，你认真听讲的状态可以保持多久(　　)

A. 10 分钟左右　B. 20 分钟左右　C. 30 分钟左右　D. 一节课

18. 在课堂上或是自习课，如有同学反复打扰你或是找你说话，你会选择(　　)

A. 当堂回击　　　　　　　　　　　B. 举手向老师汇报

C. 不理他，下课再说　　　　　　　D. 无所谓，陪他聊聊

19. 如果你想做学校纪律不允许的事情，怎么办(　　)

A. 静下心，想想后果，打消念头 B. 先做了再说

C. 精心设计一下，不要让老师知道 D. 找机会与好朋友商量一下再做决定

20. 你所在的班级中是否存在抄袭作业的现象，若是，你认为其程度为( )

A. 普遍 B. 较普遍 C. 较少 D. 极个别

21. 如果你对班级工作有什么看法，怎么办( )

A. 找同学抱怨一下而已 B. 找班委明确提出

C. 给老师写信或找老师反映 D. 不关我的事

22. 你生活在班集体中感到( )

A. 比较快乐 B. 不快乐 C. 孤独 D. 无所谓

23. 遇到能为班级争光的事你会( )

A. 主动去做 B. 安排到才去 C. 不想去 D. 无所谓

24. 你认为本班的学习气氛( )

A. 很浓 B. 较浓 C. 不太浓 D. 无所谓

25. 在学习上，你对于成功的喜悦( )

A. 曾经感受过 B. 从未感受过 C. 经常感受 D. 渴望能感受到

26. 学习过程中同学是否互相帮助( )

A. 有帮助 B. 有时帮助 C. 很少有过帮助 D. 没有

27. 你目前学习的干扰因素主要来自( )

A. 家庭的因素 B. 不够投入

C. 老师的教法不太适合自己 D. 班内的纪律不太理想

28. 你目前在学习方面是否存在焦虑心理( )

A. 存在且较严重 B. 存在但不严重 C. 存在但无所谓 D. 不存在

29. 你倾向于以下哪种生活目标( )

A. 生当作人杰 B. 随波逐流 C. 平平淡淡 D. 没想过

30. 你入学以来对初中生活的总体感觉是？( )

A. 紧张有序 B. 快乐充实 C. 茫然没感觉 D. 累、苦

31. 你认为班上自习课纪律( )

A. 较好 B. 一般 C. 较差 D. 很差

32. 每天的课余和回家学习时间总共有多少( )

A. 2小时左右 B. 1小时左右 C. 半小时左右 D. 没有

33. 你目前感觉最弱的学科是什么？你对提高该科的兴趣和成绩有信心吗？

34. 你感觉哪些科目的学习比较轻松、容易掌握？说出你的学习方法。

35. 你喜爱的学科是(　　)

A. 科学类　　B. 人文类　　C. 都喜欢　　D. 都不喜欢

36. 你认为自己的学习刻苦程度(　　)

A. 很刻苦　　B. 较刻苦　　C. 一般　　D. 不刻苦

三、依标而教——基于课程标准的学科有效教学

《国家中长期教育改革和发展规划纲要(2010—2020年)》指出：基础教育“核心是解决好培养什么人、如何培养人的重大问题，重点是面向全体学生、促进学生全面发展，着力培养学生服务国家服务人民的社会责任感、勇于探索的创新精神和善于解决问题的实践能力”。而国家关于基础教育阶段人才培养质量、培养方式的基本要求主要是通过组织研制、发布各学科课程标准，并组织开展相应的教学活动、质量监控来实现的。21世纪初，我国新一轮基础教育课程改革启动，颁布了义务教育各学科课程标准(实验稿)，随着对于义务教育各学科课程标准(实验稿)使用情况进行跟踪调研及其修订和完善，2011年教育部印发了义务教育语文等学科19个课程标准(2011年版)。课程标准就是对学生在经过一段时间的学习后应该知道什么和能做什么的界定和表述，具体反映了国家对学生学习结果的期待。为此，教师要根据课程标准的基本理念和要求开展教学改革，要全面、整体领会其精神，进而明确教学到底是为了什么，要到哪里去，要教什么、学什么，要怎样教、怎样学，要怎样检测学生、怎样评价和改进教学。

(一)遵循课程标准——追求学科教育意义

有课程理论认为，历史上的课程取向经历了三个阶段：第一阶段是以掌握系统的知识体系作为课程价值取向；第二阶段是以掌握适应社会需要的技能为课程和价值取向；第三阶段是以人的自我的全面发展为课程的价值取向。而我国基础教育长期以来的学科课程取向多是停留在课程发展的第一阶段，更多是重视“双基”(“基础知识和基本技能”)的掌握，对于学生的社会适应能力的培养、对于学生作为主体人应具有的创新精神和实践能力的培养都比较欠缺。最新一轮的课程改革正是在理论和实践上力求超越原有课程实施的不足，更多关注学生作为全面发展的人的健康成长，因此，在研制和修订课程标准中特别强调课程的目标、过程与结果要指向促进学生全面有个性的发展。从2001年的实验稿到2011年的修订版，课程标准一方面成为各学科教学的指导性文件；另一方面，课程标准自身也在实践中不断完善，从课程基本性质、课程基本理念和课程设计思路三个方面指导着学校的教学探索。

1. 保障学科教学的规范性和基础性

《国家基础教育课程改革纲要(试行)》指出：国家课程标准是教材编写、教学、

评估和考试命题的依据，是国家管理和评价课程的基础，应体现国家对不同阶段的学生在知识与技能、过程与方法、情感态度与价值观等方面的基本要求，规定各门课程的性质、目标、内容框架，提出教学建议和评价建议。

2011 年版的义务教育各学科课程标准的基本框架式分为四大部分：

第一部分——前言，主要包括课程性质、课程基本理念、课程设计思路三个板块的内容。

第二部分——课程目标，明确指出各学科要实现的教育目标。

第三部分——课程内容，是各学科所设计学生的基础性学习内容的范围。

第四部分——实施建议，包括教学建议、评价建议、教材编写建议、课程资源开发与利用建议。

由国家统一颁布的课程标准，强调面向全体学生，确保达成基础教育共同的基本要求，学校教师可以在确保学生达到共同基础的前提下，在课堂教学、资源开发等课程实施过程中建构个性化的教学设计，来适应和满足不同学生的学习。从这一意义上说，课程是有标准但不唯标准，标准有规范但鼓励创新。课程标准对于教学规范性与基础性的指导作用，主要体现在它规定了各学科教材、教学所要实现的课程目标和各科教学中所要学习的课程内容，规定了评价哪些基本素质以及评价的基本标准。但课程标准对教材编制、教学设计和评价过程中的具体问题(如教材编写体系、教学顺序安排及课时分配、评价的具体方法等)则不做硬性规定。正所谓“上不封顶，下要保底”，赋予各学科教学实施的自主、灵活与创新的空间。

2. 突出学科的本质特点与育人功能

各学科课程标准在其“前言”和“课程目标”部分，都集中阐述了相关学科教育的基本特征与价值定位问题。

如《义务教育语文课程标准(2011 年版)》指出：“语文课程致力于培养学生的语言文字运用能力，提升学生的综合素养，为学好其他课程打下基础；为学生形成正确的世界观、人生观、价值观，形成良好个性和健全人格打下基础；为学生的全面发展和终身发展打下基础。”在“课程性质”和“课程基本理念”中多次指出，语文课程要培养学生正确运用祖国语言文字的能力，突出语文课程的实践性。

如《义务教育数学课程标准(2011 年版)》指出：“数学是研究数量关系和空间形式的科学。”“数学作为对于客观现象抽象概括而逐渐形成的科学语言与工具”。“数学是人类文化的重要组成部分，数学素养是现代社会每一个公民应该具备的基本素养。”

如《义务教育美术课程标准(2011 年版)》指出：“美术课程以对视觉形象的感知、理解和创造为特征，是学校进行美育的主要途径，是九年义务教育阶段全体学生必修的基础课程，在实施素质教育的过程中具有不可替代的作用。”同时标准中突出了美术课程的四个特性的表述：“凸显视觉性”“具有实践性”“追求人文性”“强调愉悦性”。美术课程的“视觉性”特征作为首要特征，是首次明确提出；愉悦性的提法也是新增内容。这些不仅凸显了美术学科的价值，而且有效地包容了美术课程人文性和工具性两方面的特性。

总体来看，基于学科课程的教学实施，要让学生感知所生存的世界的丰富与发展，提升学生的精神体验和生活品位，增进学生的社会理解能力和适应能力，形成正确的情感态度与价值观和良好的行为习惯，培养学生成为有责任的公民……成为各学科课程标准在阐述学科性质、课程目标中的共同追求，是学校培养人的最重要的途径，进而要求教学从各自的学科特点出发，关注学生发展的思想性、人文性、科学性、实践性、生活性的整合目标。

3. 强调学科能力培养

关注学生的发展的课程，特别关注学生的创新精神与实践能力的培养，让学生不仅学会知识，还要学会动手动脑、学会生存生活、学会做事做人。由此，课程标准中对于学生的能力培养的基本内涵不断拓展和落实。

如《义务教育数学课程标准(2011 年版)》把传统的“双基”目标发展为“四基”，增加了“基本活动经验、基本思想”的新要求；在原分析和解决问题能力的基础上，进一步提出培养学生发现和提出问题的能力。同时进一步明确了能力培养的基本要求。如针对教师反映对“探究学习”指导有困难的问题，提炼了“探究学习”的基本步骤和一般方法，以加强对能力培养的指导。

如《义务教育化学课程标准(2011 年版)》不仅明确提出教师应结合具体的教学内容和学习实际，积极创造条件，组织学生开展化学实验活动，而且还规定应安排和组织学生至少完成 8 项实验，即：1. 粗盐中难溶性杂质的去除；2. 氧气的实验室制取与性质；3. 二氧化碳的实验室制取与性质；4. 金属的物理性质和某些化学性质；5. 燃烧的条件；6. 一定溶质质量分数的氯化钠溶液的配制；7. 溶液酸碱性的检验；8. 酸、碱的化学性质。这更为明确地突出了学生在化学学习中自己动手做实验，亲身经历、感受实验和探究过程，让“没有化学实验和科学探究的教学不是真正意义上的化学教学”的课程性质更为明确地显现出来。

如《义务教育音乐课程标准(2011 年版)》提出了音乐的实践性、不确定性、抽象性以及时间性、表演性和情感性特征，强调音乐教学只有通过聆听、演唱、演奏、综合性艺术表演和音乐编创等多种实践形式才能得以实施。倡导学生在亲身参与这些实践活动的过程中，获得音乐的直接经验和丰富的情感体验，为掌握音乐相关知识和技能、领悟音乐内涵、提高音乐素养打下良好的基础。

无论怎样，共同基础性发展、能力培养、思想情感价值的培养都应是课程标准对教学的基础性指导，也是确定教学目标的基本依据。教师在课堂中教学境界的高低、质量的优劣，关键在于教师对于学科的价值定位是否准确，能力培养、价值观教育的目标是否达成。同时，需要保持清醒认识的是：学生在思想、价值、方法、知识、能力等方面目标的达成不可能是立竿见影的，课堂教学是一个向深度前行、不断提升理解力的过程。这样一个过程通常是缓慢的，又是十分有价值的。所谓基于课程标准进行教学，就是要充分发挥它关于教学方向的引导作用，关于教学方式方法、评价方面的指导作用，以促进教学质量的不断提高。它不是一个用一把刚性的尺子把产品质量分成三六九等的过程。

（二）把握学科本质——坚守学科教学魅力

无论是走进课堂教学现场还是参与教研活动研讨，无论是翻阅教师的备课文本还是研究教学反思案例，"课程标准""把握本质""促进发展"等词汇都会不断被听到、看到、说到和写到。然而再进一步追问这些词汇在教学中究竟如何具体实现，多数教师会语塞，不知如何阐述，很难对自己的教学行为做出解释。教师在教学中常常会伴随着一些"冰山下隐藏着"的困惑。

(1)对于所教授的学科的知识技能、思想方法、问题解决与学生作为主体人的成长、生活、情感、价值、能力的内在关联不是很清楚，也没有思考过，似乎缺少教育意识。

(2)对于所教授的学科所承载的特有的思想、信念、方法、策略、能力通过怎样的内容来落实，不是很确定，也没有思考过，似乎缺少学科意识。

(3)对于所教授的以学科内容为基础的知识、技能、方法、思想如何内化为学生自己的学科情趣、能力、经验的策略、方法、过程，不是很明确，也没有思考过，似乎缺少学科教育意识。

……

正因为存在着上述欠缺，在课堂上、在教师的交流中会呈现类似的现象。

现象 1：在一节关于"野生动物保护"的地理课上，教师展示了大量的关于藏羚羊被捕杀、丹顶鹤失去家园等有关野生动物资源被破坏的图片，之后教师让学生自行汇报查阅有关野生动物的生存情况。之后教师设计了三个学生活动：一是让学生通报谁吃过野生动物？请学生通过角色扮演，表现出全家人和同学不要吃野生动物；二是请学生设计一个保护野生动物的口号以便于宣传；三是针对保护野生动物请学生提出一些建议。下课后，听课教师讨论：有人说这是一节思想教育课，有人说更像是综合实践活动课，有人说课上的内容应该属于生物课的内容。由此，教师们在课后的教学研讨中呈现出来一个基本问题：地理课程要解决什么问题？在课堂上要实现怎样的教学目标？

现象 2：在数学学科的学习中，一些教师因为更多地看到了学生的数学成绩体现在考试、测验的一道道题目中，于是在课堂上，数学教学演变为解题训练，想方设法让学生记住不同题型的不同带入公式，不同题目的不同解题窍门，由此，数学教学成为训练学生在有限的时间里又快又好地答题的"技巧练习"课。这种方式，从短期看学生成绩不错，甚至做题训练成绩更显出色，但从长远看，学生会因此逐渐丧失诸如逻辑推理能力、猜想能力、抽象能力、建模能力、空间思维能力等数学思维品质，失去持续学习数学的兴趣和能力，而这会让学生在后继的学习、工作中失去自己的竞争力和持续性。

其实，上述现象的存在，突出地反映了教师的专业缺失，就是没有真正认识、了解和体验到自己所任教学科的独特魅力，没有很到位地思考学科教学对于学生、对于自己的真正意义。由此，教师没有把握到所任教学科自身的本质属性，也不清楚所任教学科与其他学科之间的本质区别及其相关性，更没有处理好学科教学与学生学业评价的关系，甚至本末倒置，“考什么教什么”，不可能准确地把握课程标准的目标要求和促进发展的教育价值。由此，再热闹活跃的课堂活动，再优秀的成绩表象，都难免令人质疑，会因缺少学科特有的“味道”而成为一种无效或低效的学习。

依照国家义务教育课程设置要求，学生每周在校 34 节课时，学生在校生活的大部分时间都是以教学活动为基本形式，几乎都是在经历着语文、数学、外语、艺术(音乐、美术)、体育与健康、历史、地理、思想品德、物理、化学、生物等不同的基础性、共同性的必修学科所提供的不同学习体验，此外还有综合实践活动、地方与校本课程等体现学校教育选择性、特色性的课程学习。不同科目因学科的独特知识内容、思维品质、学习方式以及分析、解决问题的不同表达承载着不同的教育作用，共同影响着学生的综合素质。如果教师在日常教学中不能充分体现出所教授学科具有的促进学生德、智、体等发展的特殊意义，势必会降低学科应有的促进发展的价值，降低多样化、基础性的课程所具有的课程体系的教育功能。因此，有效教学的重要表达必然是基于学科教育意义、伴随学生在学科本体知识学习基础上能力与活动的发展中体现学科本质属性的教与学的社会活动。

1. 以学科知识为基础培育学科智慧

科学家拉卡托斯曾把一门学科、一种理论体系分为由核心知识构成的“硬核”和由细节性知识构成的外壳性的“保护带”，由此显现出核心知识是学科的根本，决定着学科的存在。我国也有学者就学科本质展开研究，认为学科不仅是知识形态，也是活动形态和组织形态，学科是由这三种形态组成的统一体。学科的知识形态是学科的核心，学科的活动形态是学科的基础，学科的组织形态是学科的表现形式。学科的知识形态是学科的本质所在，学科的活动形态和组织形态是与学科的知识形态这一本质属性有联系的非本质属性。[①] 可以说，对于学科的本质属性的把握一定程度上取决于教师对于源自学科本体的核心知识的了解与学习，以自身的学科知识理解引导学生走进学科，掌握学科知识，进而感受学习的理论知识、应用性知识、思

① 孙绵涛，朱晓黎．关于学科本质的再认识．教育研究，2007(12)：31～35

想方法知识以及学科发展史知识的内在吸引力，不断提高学生在学科的基本观点、情感、态度、思想方法、迁移应用方面的能力，促使学生因学科所蕴含的情趣、方法、思想与运用而喜爱学科，增长智慧。

课程改革以来，随着教学方式改革、三维目标的落实，一些教师在教学中将学科教学中“知识”“能力”“兴趣”“文化”“方法”“思维”等各类要素区别开来，缺少对于学科学习中各要素关联性的把握与内在转化，也在一定程度上对于学科知识的学习和运用缺少引导。因此，在依据课程标准开展的教学中，应对学科的教育理念、性质与内容设计思路系统研读，以处理好学生的学科知识学习与学科素养提高的关系。如数学教师孙维刚所阐述的，“教学的目的和实施，应当是通过知识的教学，不断发展学生的智力素质，造就他们强大的头脑，把不聪明的孩子变聪明起来，让聪明的更加聪明”；“首先要牢固掌握和熟练运用学过的知识，更要善于学习和掌握新的知识，不断和更加丰富自己的知识”。“通过知识的教学，培养学生的能力，发展智力素质，不是自然主义随便怎么做都可以达到目的的，而是在教学的每个环节、每个细节都要周密思考，精心安排，实现为‘培养能力、发展智力素质’这个目的服务”，“让学生站在系统的高度对知识八方联系，是学生思维养成时时浮想联翩、思如潮涌的状态”。①

2. 以学科文化为意义提升学科意向

学科文化是学科发展过程中所孕育的文化因素，它不仅包括本学科的内容知识（如概念、原理、定律、规则、程序等）、符号系统与技能，也包括蕴含其中的思想方法、思维方式、伦理规范、价值观念和审美追求等人类精神成果。学科文化以学科的核心知识为核心，修养着人的思想、方法、观点等品质。具体到学科教学中，教师要充分意识到所教授的学科知识与学科独特的文化滋养的深刻意义，发挥学科文化在情感渗透、活动情境设计、启迪智慧、联系实践等方面的作用，让学生在生机勃勃的学习活动中获得知识、发挥潜能、涵育人格。

苏霍姆林斯基在《给教师的建议》中举例说：“你现在教着200个学生。要是他们所有的热情都在学校的基础物理课程方面掌握牢固的知识，这是你的工作一个方面。但是请你不要忘记，在你的良心上，还有教师的创造性工作的另一个方面，这就是还有一部分青年决心把物理学作为一门科学来攻读，而课堂上所学的东西对他们来说只是科学的入门知识，你就应当关心使他们对物理学（技术、机器、机械、科技知识）的志向确立起来”，“让那些已经喜爱上物理学的，还有那些尚未最终喜爱上物理学的，但是带着热烈而喜悦的眼光的学生们”，“从科学知识的大堆篝火里点燃起志向的火花。少年们在这里认识到：思考——这是一种艰巨的、不轻松的、异常复杂的、有时竟是一种痛苦的劳动，但是它向你预示着一种无可比拟的快

① 孙维刚．全部55%怎样考上北大、清华．长春：北方妇女儿童出版社，2001：29～51

乐——认识的快乐，以及意识到自己能够驾驭知识的智力的自豪感”。①

3. 以学科关联为支持提升综合素质

从初中阶段的课程看，“设置分科与综合相结合的课程，主要包括思想品德、语文、数学、外语、科学(或物理、化学、生物)、历史与社会(或历史、地理)、体育与健康、艺术(或音乐、美术)以及综合实践活动。积极倡导各地选择综合课程。学校应努力创造条件开设选修课程。在义务教育阶段的语文、艺术、美术课中要加强写字教学。”②学生的课程学习中，既有基于学科的学习实践活动，也有基于专题任务的学习实践活动。而一旦进入学生的主体实践之中，学生的经验的建构与重组就是一种综合性的过程，体验到超越学科框架的综合性的学习，是一种综合素质的聚合与提升工程。正如叶圣陶先生所说，教育的最后目标都在种种境界的综合，就是说使分立的课程能发生的影响纠集在一块儿，构成了有机系统的境界，让学生的身心沉浸其中。可见，学生所体验的学习“纠集”，正是借助学科教学基础的一种综合性、系统性的内化与统整，是学习意义的发现、发生与发展。这种“纠集”，不仅没有降低学科本质学习的效果，而且正是已有学习成效的整体反映。由此也提示教师在学科教学中，一方面应坚持所任教学科的独特本质，力求让学生在学科学习中的激动延伸到毕生的喜爱中；另一方面让学生以个性化、多样化的知识、能力、情感为载体支持学习参与，拓宽学习收获。对此，也必然要求教师在自身的教学素养上具有多方面的表达。

舒尔曼提出了以学科知识、学科教学法知识和课程知识为主要内容的教师知识框架，认为教师知识由以下七个方面构成：(1)学科知识，主要指学科的内容知识。(2)学科教学法知识，指为了促进学生理解而使用类比、图示、演示和解释等方法，有效地表征学科知识。(3)课程知识，指对教材和教学计划的掌握。(4)一般教学法知识，指超越于各学科之上的关于课堂管理和组织的广义的原则和策略，即普遍适用于各个学科的教与学的原则和技能。(5)学习者的知识，包括学习者的特征和认知，学习者的发展和动机。(6)教育环境的知识。(7)教育的目的、目标和价值的知识。③ 一方面强调了教师成功的教学不仅需要教师掌握学科理论知识，而且需要教师娴熟地根据学生需要将学科理论知识加工、转化为学生能够理解的学科教学法知识；另一方面也强调了关注教育价值、提供教育相关背景知识、调动学生学习知识等课程教学知识的不可或缺。由此所显现的是基于学科引导学生在教学活动中经历独特的学习历程，实现自身经验的不断建构与重组。

---

① ［苏］B. A. 苏霍姆林斯基．给教师的建议．杜殿坤，编译．北京：教育科学出版社，2000：61～63

② 基础教育课程改革纲要(试行)．参见 http：//www. moe. gov. cn/publicfiles/business/htmlfiles/moe/moe _ 309/200412/4672. html

③ 邹斌，陈向明．教师知识概念的溯源．课程·教材·教法，2005(6)：85～89

【案例】语文——是老师与学生的故事[①]

有人问我语文是什么？我想了想，说："就是教师与学生的故事"。我说的是实话。我当然知道，在这个世界上有关语文的言说很多，它们有的散发着诗意的光芒，有的内蕴着深厚的学理，但我还是坚守着自己朴素的感受：如果剥掉加在语文上面的层层华美的装饰，不断追问下去，进行现象学还原，我们会发现其中最原始、最活跃的课程密码，无非就是教师、学生和有关他们的故事。一如沂水春风，弟子各言其志，夫子喟然而叹，吾与点也；或者如古希腊哲人，运用"催产术"，从影子纷乱的"洞穴"中爬出，用智慧的火把照亮探索真理的道路。

语文是教师与学生的故事，这句话串起了我的语文人生。

从简陋泥泞的乡村中学，到古色古香的县城中学，再到豪华气派的省城重点中学，我的职业迁徙史是生命与众多学生生命交织的过程；从初一到高三，我的精神在一届又一届年轻他者心灵的映衬下，不断成长丰富成熟；从昔日默默无闻的普通教师到今天参加语文教材编写，在各地开设讲座、公开课，我的思想随着时代思潮风生水起，理想与追求愈加坚定和执著……我知道我从哪里来，我要到哪里去。年轻时我有许多梦想，想当无线电工程师，想当诗人，最终无奈而又必然地把生命投入中学语文课堂，通过日复一日的教学行为来表达、释放自己的追求和信念。语文，给了我一个体面的饭碗，给了我独特的职业生涯和人生道路，也给了我许许多多难忘的故事。

与学生相遇并不总在秋季，也不都在教室，但只要是故事，总有开端。第一节课是一个仪式，是我们生命开始彼此交融的庄重的仪式。我指着黑板，告诉我的学生：这不是一块普通的黑板，上面有天地玄黄，有道德文章，有高风亮节，有世间万象；有"道可道非常道"的老子，有"朝闻道夕死可矣"的孔子，有穿缁衣的鲁迅，有穿西装的爱因斯坦……这些古今中外的贤哲眼睛注视着我们，与我们的心灵交流。在语文的邀约下，师生开始走进故事的世界。

我是一个诗人，又是一个农夫。岁月给了我人生使命的神谕，我把自己的教育理想深埋在现实贫瘠的土壤中，用汗水和心血浇灌我田地里的禾苗和花朵，用智慧和信念擦亮每一个生命的细节，让黯淡平凡的生活闪耀神性的光芒。我的讲义里有各种精彩的文章和教学菜单，我的进度表中排满了已经完成和即将完成的规划与设想，我的备课本里夹着各种各样的黑名单、红名单，而我的心里则装着对班级每一个同学的要求和建议、期待和祝福……我想方设法用思想的扳手松一松课堂技术的螺丝，用丰富的个性和教育的智慧让学生从单向度的生存困境中解脱出来。在作文素材课上，我让学生介绍马寅初的风骨，探讨蔡元培的理想，我告诉他们，一个知识分子不仅要有知识，更应该是分子；在现代文阅读检测之后，从现代文阅读训练

① 曹勇军．语文，是教师和学生的故事．江苏教育研究，2009(4B)：4～7

题中选择震撼人心的佳作诵读品味。筱敏《山峦》的词句磨砺着年轻的心，李汉荣《越来越接近精神的天空》的境界让学生思绪飞扬……还有种种个性化的举动，至今为学生津津乐道：我曾因为晚自修取消语文读课文的时间和分管主任拍桌子发脾气，也曾因为教室的投影仪迟迟没有修好而率领弟子们抢占学校的报告厅……

是故事，却没有结尾。转眼到了六月初，高考前紧张而又焦灼的气氛弥漫在炎热的初夏。经过精心准备的最后一节课，是我送给学生的人生礼物。我一题一题地提醒着我的学生，告诉他们成语解题的"慢三步"，病句解题的"慢四步"，诗歌鉴赏题的"四看三答"，还有默写，还有语用，还有文学阅读。我和他们一起背诵七言十二句的写作歌诀，最后，让他们带上三颗写作的"救命丹"。班上很静，寂静得如同黑夜即将过去、太阳即将升起的黎明。下课时间到了，我让所有的同学站起来，发给每个同学一页纸，上面写着俄罗斯白银时代天才诗人巴尔蒙特的诗《为了看到阳光，我来到世上》。这是我最喜爱的诗句，也是我的学生最喜爱的诗句。我起了头示意一下，年轻而又响亮的声音响了起来，冲出教室，回荡在校园："我来到这个世界，为的是看太阳，和蔚蓝色的原野。我来到这个世界，为的是看太阳，和连绵的群山……"天亮了，我们一起上路。

语文是教师与学生的故事，这句话更是一个语文教育的隐喻，表达了我的教育哲学。在年复一年的节奏性重复中我开始理解自己的课堂。课堂是师生相处的天地，是共同演绎故事的地方。表面上，是讲台桌椅四面墙，本质上，凡有师生的地方就有课堂，是师生独特的生命构建了课堂。课堂是神奇的。它只有四十分钟，只能容纳五六十个学生，学的是永远学不完的听说读写好文章。起立，坐下，读书——但是课上着上着，思维之球开始传递，心灵之泉开始流淌，师生的思想飞翔起来，情感燃烧起来，课堂里弥漫着清亮的光芒，有一种升华、超越的气氛，于是，课堂变得无限大，时间变得无限长，课堂获得巨大的能量和容量，成为学生终生难忘的青春记忆。课堂是有限的又是无限的，是物质化的又是被构建生成的，它起于常规基础学习内容而终于情感思想心灵的高处和远处。课堂又是独特的，属于经验和叙事。走进课堂，扑面而来的是一种现场的情境感。情境感是迷人的，让人跃入当下，沉醉于眼前。情境有巨大的推力，前面的情境丰富当下的情境，推动后面的情境，指向未来和远方，如潮水阵阵涌向江岸，心潮逐浪高。我和学生互为对方的镜像，推动着情境又被情境推动，越到后面越丰富，越立体，获得心灵的解放和心智的发展。每节课都是不同的，有不同的表情。它永远是具体的，是不可分割的整体，既有独特的魂魄，又有丰满的血肉，大处分明，小处细腻，灵肉合一，让人销魂。

课堂本质上是经验的、个性化的，有自己的规则、节奏和主题，不是多读几本书、多了解一些理论就能走进课堂的。带着过多强势理论，你无法走进教学现场和教学情境。许多课堂里，没有教师与学生的故事，只有教科书的故事，只有试卷的故事，只有黑板与答案的故事。教师在现场却又逃离了现场，学生在现场却又缺席。要让课堂成为师生说故事的地方，教师不能有过多的理论预设，要把各种教学理论放在门外，保持一个人在生活中的丰富性，张开自己的感官和心胸，运用自己的经验、敏感和技能，把生命投入到课堂中去。教师有了发现故事、叙述故事的才与情，方能走进课堂。

我们言说着故事，也在故事中确认自己。课堂的经验性、叙事性反映了教师的生存方式和职业特点。教师的专业化技能主要是通过长期的实践、观察、反思等经验方式积累而成的(这也是为什么各类语文研讨活动中教师爱听课而不爱听讲座的原因所在)，只有坚守在课堂里，才能获得课堂的经验、课堂的感觉和课堂的思维。一个教师只要真正把学生的发展放在心上，当作是自己的终极关怀和追求，在长期的实践中就会自然形成一种课堂敏感性，形成一种职业习惯，能够妥善处理课堂与教学。

说到底语文是一门“手艺”，有一种辛劳寂寞中磨砺出来的灵巧和扎实。那笔端正流畅的板书，那口中气十足的朗读，那作文本上红笔的勾画圈点，那备课本里抄录的各种资料，还有课堂上内容的取舍、多少的把握、难易的处理，还有教学中顺序的安排、时机的预判、分寸的拿捏，还有长期读写积累起来的才识和书卷气……正因为有了这些，才有了教师与学生故事的舞台、道具、背景和氛围，才使得教与学的故事有了语文的气息。有时，我总打量着眼前的青年教师，心里暗暗问自己：他们能吃得了这份辛苦和寂寞吗？他们还有对“手艺”的虔诚和敬畏吗？语文是“手艺”，心手相连，传递着温暖的体温。伸出你的“手”，给学生面批一次作文，给学生开个书单送几本书，给学生发一条鼓励的短信，给学生解答一个课外读书的困惑，鼓励他们组织语文活动……大手牵着小手，放手让他们往前走。别忘了，语文是“手”的艺术，心手相连，才有动人的故事啊！现在的不少中学既没有大师也没有大树，有的只是钢筋水泥的大楼，豪华而又凄凉，有的只是技术化的操作和狂欢。正如现在有的医院在外科水平突飞猛进的同时，医生个体“望闻问切”的临床诊断水平急剧下降一样，中学教育在规模效益提高的同时，语文教师个体教学能力也出现了滑坡。时常看到有的教师上课又是耳麦又是PPT，教室里回响的是播音员标准而夸张的声音和教师被扩音机放大的不真实的声音，总不免担心：这门“手艺”还守得住吗？

我们生活在技术化、管理化的时代，如何操纵技术而不被技术操纵，是维护我们自我人性的一个重要命题。而有没有故事，是人性、个性是否健康、是否完整的外显。课堂是理想与现实的交织，如一朵莲花，生长在泥土之中，花瓣和花苞却伸向天空。理想让课堂向上向前，现实又让课堂向后向下，这热与冷的交汇，形成了矛盾与张力，使故事跌宕起伏。许多课我并不满意，常常是兴抖抖而去，沮丧失望而归。我们总有一种内在冲动，热衷于寻找高效快捷的方法和路径，总想三步并作两步，甚至一步到位，直奔结果，一劳永逸，不知不觉忽略了语文课堂的长期性、曲折性和艰苦性。再高明的方法，再先进的理念，一旦进入课堂都不免软弱和苍白，因为它背后有更为庞大复杂的隐秘结构，制约着我们和课堂。听讲座，看论文，我们时常陶醉在浪漫的幻觉之中，陶醉在轻而易举的盲目之中，轻慢日常教学的世俗性，忽略了常规教学的沉重与苦涩。其实，世俗气息是语文课堂真实的另一面，教室、办公室、食堂、图书馆、备课、作业、考试、讲评、晨会、班会、晚自修、补课、开学、毕业……不合理而又合理地联系在一起，浮现出日常教学的辛苦琐碎的图景，可这些辛苦琐碎的“天大的小事”才是语文课堂最真实的存在啊！是不是有点像农夫种庄稼，天天下地耕作，脚踩着坚实的土地，头顶现实的烈日，挥洒着生命的汗水，播种，浇水，施肥，等待花开时节收获的秋天？不必讳言失败和沮丧，我们就是从课堂中摔打磨炼出来的。课堂铸造了我们合金钢般的思维品质和性格。失败的课堂往往从另一个方面更加有效地丰富和深化了我们对课堂的认识，让我们有清醒的头脑和冷峻的目光：一堂课容量是有限的，必须顾及多数学生的基础，饭要一口一口吃，语文要一步一步来，有时不免走走停停，退一步进两步。课堂，语文课堂，只有“故事”，少有或者根本没有“大戏”。

常常在自以为抓住语文的时候，语文却从我们身边悄然溜走了。错误在于我们用片面的、一成不变的眼光看待它，错误在于我们过于理性主义的偏执，错误在于我们灵魂深处急功近利欲念的膨胀和爆发。

思想是脆弱的，而从经验中磨砺出来的信念才有力量，牢不可破，因为那是教师与学生的故事，融入你的情感、审美和生命。把语文看成教师与学生的故事，就意味着我们推倒了教室的四面墙，我们的课堂是学生生活的现场，是学生成长的现场，语文呈现出丰满、全面、独特的魅力和价值。阅览室读书是学语文，戏剧演出是学语文，听名家讲座是学语文，参加征文比赛是学语文，当小记者采访校园新闻是学语文，师生合作编辑语文小报和文学社社刊是学语文，甚至晨会、班会等也可以看成是学语文……而要让教师与学生之间有故事，关键是要深刻理解教师与学生的生存状态和相互关系。

在我心中，《论语》中《子路、曾皙、冉有、公西华侍坐》，是我们本土最经典的对话文本，反映了我们民族真实的对话形态，也映照出教师与学生的生存状态和相互关系。围绕治国安邦的人生抱负，孔子与弟子们进行对话。有神态，有反应，情境感十足。和而不同，不同而和，众语喧哗，而非垄断的独白。我常想这个文本依据西方对话理论，大概到“夫子喟然而叹，吾与点也”，也许就应该结束了。但在中国的教育语境中，不仅要有过程还要有结论，不仅要有启发还要有讲解，不仅要有个性还要有共性，不仅要重人道还要重师道。为什么我们的课堂对话教学出现普遍失误？因为我们把对话局限在课堂教室，仅仅当作提问多少次、互动多少次等局部的教学手段，而忽略了它本质上是师生交往中自主而又合作的共生状态。这种关系其实就是前人所说的“师友”，亦师亦友，即师即友，师友之间，其乐融融。学校犹水也，师生犹鱼也，其行动犹游泳也。大鱼前导，小鱼尾随，是从游也。从游既久，其濡染观摩之效，自不求而至，不为而成。

传统教育理论有一个重视“学”的传统，民间教育智慧更把“学”放在首位和核心，以学定教，以学研教，以勤奋读书的历史故事简化高深复杂的教学关系，这其中包含着深刻的现代教育的自觉。孟子说：“君子深造之以道，欲其自得之也。自得之，则居之安；居之安，则资之深；资之深，则取之左右逢其源。”西人萧伯纳更进一步阐发了主动学习无可替代的唯一性：“你不能教会一个人什么，唯一能做的是帮助他自己去发现。”(You can't teach a man anything; you can only help him find it with himself.)“主动构建”“自我生成”是当今教育的显学，也符合我们的课堂观察和体验：凡动人的故事学理上说就是知识、情感、价值生长的故事。学生乐学，教师乐教，教学相长，皆成故事。有了这样师生对话的大关系大结构，就可以不拘泥于课堂中的一招一式，不斤斤计较讲多讲少等技术末节，从机械教条中解放出来，建立基于学的语文课堂，让学生动起来，跳起来，笑起来，出现生动活泼的画面：语文优秀的学生是你教学班的领头羊，促进全体同学进步；同学精彩的发言是你最有价值的课堂学本，把集体讨论引向课堂的高境界；学生的优秀作文是你作文教学的素材，传递给大家写作的激情和动力；读书笔记中有丰富的内容，营造了群体读书生活和氛围；而那些进步不大的学生则提醒你注重差异和个性，面向全体，克服局限……这一切让我们感受到课堂的活力和魅力，完成师生关系上的沉重转身，提高教学的针对性、有效性和丰富性，让每个学生都有成长的故事，也让对话这类洋理论中融入中国教师与中国学生的故事。

印度哲学大师克里希穆那提说：“生命不仅仅是一份职业，它是一个伟大的谜。”我觉得这话没有说完，后面还应该接着说：“谜不是赤裸裸的，它藏在隐喻、映衬、重复之中，藏在相遇、融合、宿命之中，藏在追求、坎坷、坚守之中……一句话，藏在教师和学生的故事之中。”我们叙述着师生的故事，也被师生的故事叙述，获得生命的充实感和幸福感！

【案例】本原性问题驱动课堂教学[①]

第三届国际数学与科学比较研究(TIMSS)结果表明：亚洲国家和地区的学校教育尤其是其课堂教学，非常注重技能的学习，对于涉及情境的项目学习则普遍不够重视。从世界课例研究协会(WALS)2005年到2008年的三届年会交流情况来看，关注课堂教学中的“内容实质”“关键内容”已经成为共识。无论是强调解题技巧的传统课堂教学还是具有丰富情境的探究式教学，都应当“注重教学主题的本质”，要超

① 杨玉东，徐文彬．本原性问题驱动课堂教学：理念、实践与反思．教育发展研究，2009(20)：68～72

越对于技巧性问题的过度追求、要深入到情境性问题所涉及的实质性主题，让学生学习到学科的本质。在学科教学里，普遍存在着反映该学科实质的问题，即如何深入到本学科的实质、用反映学科本质的问题驱动课堂教学。认识到这一点，有助于当前课程改革的深入推进，使教学不再仅停留在“如何教”，而是要深入思考“教什么”(教学内容及其本质)。

从学科教学角度来探讨促进学生深刻理解学科内容及其本质的“本原性问题”——即考虑对师生尤其是学生而言，哪些问题反映了该学习主题中最为原始、朴素、本质的观念、思想和方法。“问题驱动”是从教学法设计角度而言，因为“问题”是人类天然好奇心的表现，也是激发学生学习的原动力。课堂教学如果能设计几个系列问题、环环相扣、把学生的学习分层引向深入，那么就可以有效地激发学生理解和体验到学习内容的本质。

(一)揭示学科概念背后的本质含义

学科概念往往是掌握该学科知识体系的基石。常常听到一些教师抱怨学生记不住概念，于是有些教师把概念变成了一个个需要记忆的教条——要求学生“背概念”，难道学生背出了概念，就等于掌握了概念的本质内涵吗?

例如，压强是中学生较陌生、也比较难学的物理概念之一。以往的教学中，压强概念教学一般由物体受到压力产生形变程度的不同效果引进，通过生活实例、演示实验，使学生认识到压力引起形变的效果不仅跟压力大小有关，还跟受力面积的大小有关，然后由教师给出压强概念。但是，为何把压强概念定义为“单位面积上受到的压力”，由于缺乏一个概念形成过程，学生并不能真正理解。

压强概念在本质上是压力和受力面积的比，这种用两个物理量的比的结果来重新定义一个具有实际意义的物理量，是物理学科中常见的一种方法，诸如密度、速率、机械功率也都是采用这样的办法来下定义。这里的关键是让学生在一个问题情境中体验到只有通过压力和面积的比值才能刻画作用在受力面积上的力所产生的形变效果。为此，教师提供了一些实验室里常见的金属块，设计了通过摆弄金属块可以检验的三个假设问题：当受力面积大小一定时，压力的作用效果与压力有什么关系？当压力一定时，压力的作用效果与受力面积有何关系？当压力大小和受力面积大小按倍数变化时，压力作用的效果是否相同？在上述问题的驱动下，学生经历了概念的形成过程，得出了“单位面积上受到的压力影响了压力的作用效果”，从而逼近了压强概念的实质含义。

(二)经历学科命题背后的思想方法

学科知识中的定理、定律是联结概念、表达概念间关系的一些命题，这些命题构成了该学科的一套理论体系。但在命题学习中让教师感到棘手的是，学生往往带着一些直观、朴素的经验性认识——这些经验性认识有时是学习学科知识的基础，有时也会成为“干扰”他们学习的“绊脚石”。因此在涉及规律性的命题学习中，如何处理来自学生的生成问题，也是教师们普遍感到困难的地方。

例如，一位物理老师在讲授“影响液体蒸发快慢的因素”(影响液体蒸发快慢的因素有三个：液体的温度、液体的表面积和液体表面空气的流动速度)时，出现了“意外”情况：一位学生指着窗外操场上雨后不久形成的大大小小水洼，提出“影响液体蒸发的快慢与液体本身的多少也有关系”，因为他观察到小水洼很快就干了，而大水洼不容易干。这是来自学生经验的、由一个生活现象所引发的假设问题：影响液体蒸发快慢和液体本身多少有关。难能可贵的是教师没有用通常的方法——直接告诉学生为何蒸发快慢与液体本身多少没有关系，而是始终试图“用实验说话”：第一次实验，教师设计和演示，却没有控制好变量失败了；第二次实验，学生自己根据假设问题改进设计，经历了科学实验中如何根据假设命题选择和控制变量；第三次实验，是学生在深刻理解了影响蒸发快慢本质含义的基础上构想的“思想实验”，显示了对无关变量处理的巧妙办法。通过一个命题学习中的三种实验，学生理解了物理学科中实验方法的要害所在：控制变量和检验假说。

(三)构建命题间相互联系而形成知识体系

一个领域的知识之所以称为“学科”，其标志之一就是形成了关于这个领域的一些核心概念和一系列相互联系的知识命题，即相对系统化的一些概念和命题组成的集合。所以学生学习某个学科，不是掌握一个个孤零零的概念、命题、公式，更要帮助他们构建关于该学科的相对完整的知识体系，即掌握该学科的知识的结构，获得对该学科的本质理解。

例如，初中几何“相似三角形”一章复习课，经历了“定义—判定—性质”的学习顺序，以五个主要问题驱动：(1)两个三角形相似，什么含义？(2)判定两个三角形相似，有哪些方法？(3)这些判定方法是如何推导出来的？(4)这些判定方法与全等三角形的判定之间有何联系和区别？(4)相似三角形有何性质？(5)应用形似三角形的判定和性质可以解决哪些问题？尤其是第四个问题最为核心和重要，通过一一对应地比较全等三角形的四个判定和相似三角形的四个判定，学生发现了共性——无论全等还是相似的判定，都要求对应的角相等，也发现了区别之处——全等的判定需要至少一边相等，而相似只要边同等程度地放大和缩小。在这个比较过程中，学生体验到了欧式几何的本质特征：保角性。

(四)还原训练习题为挑战认知的系列问题

在一门学科的学习过程中，解题是必不可少的一个环节。但过度地重复低水平的解题训练、一味地强调解题的熟练程度甚至达到自动化，不但挫伤了学生的学习兴趣、扭曲了该学科的本来面貌，而且容易形成学生对该学科本质的错误认识。那么如何在解题教学中还原练习题为挑战学生认知的问题，既让学生锻炼了基本技能，又让学生在解题中体验到该学科的一些本质属性？

例如，在浙教版初二数学教材中，横跨教材有八道关于“中点四边形”的一些习题。很少有老师会把这八道题目放在一起做教材分析，即使能意识到这八道题目有关联，最多也只是上一节“专题习题课”。通过教材分析，这八道习题实际上是围绕四个命题的证明和应用。如果只是分散的八道孤零零的习题训练，无疑会加深学生“数学就是解题”的误解，学生看不到它们背后是系列相互联系的知识体系，学生也很难获得对于“中点四边形”的本质认识。为此，我们重新加工教材，用三大问题来驱动这一“专题习题课”：(1)任一四边形的中点四边形是什么形状？(2)特殊的平行四边形的中点四边形是什么形状？(3)中点四边形的形状究竟由何条件决定？学生最终认识到中点四边形的形状其实与原四边形的形状无关，而是由原四边形的两条对角线是否相等和是否垂直所决定的。通过把训练习题还原为挑战学生认知的真问题，不但激发了学生的解题热情，还让学生认识到习题背后的系列命题及其关系，真正提高了学生的思维深度、掌握了模块知识的核心和本质。

教师要捕捉“本原性问题”，并“用问题驱动教学”并不容易，主要的问题或困难涉及对学科的宏观认识乃至对微观的学科教学法的理解。

第一，难以从学科的统领性视点来俯视特定的教学内容。教师本人对于中小学所教学科的内容、方法和性质的理解和认识，决定了其看待该学科的深度。只有对该学科是关于什么的学科、它的主要方法和体系架构是怎样的等基本方面有所了解，教师才有可能考虑在各个年级水平上什么是最有学习价值的知识、才能抓住反映学科本质的问题。例如，前文谈到的相似三角形的复习课，要抓住“保角性”这一欧氏几何的学科本质，教师只有跳出中学平面几何的范畴，一般性地理解诸如仿射几何、射影几何、拓扑学等主要几何分支研究对象的特点，才能站在高等几何的角度洞察平面几何的一些本质特征，才有可能有意识地引领学生向数学的本质特征逼近。

第二，难以界定特定内容针对特定学生的教学目标。即使教师对该学科的内容、方法和结构有一般性的认识，但针对具体内容和年龄段的学生，教师深感困惑的往往是学科实质反映到什么程度——即难以厘清教学的重点、难点和关键点，这也是我国传统经验中甄别专家教师和一般教师的分水岭。重点，主要是针对教学内容而言，什么是最值得让学生学习的；难点，主要是针对学生认知水平而言，什么是这个年龄段学生易错易混的；关键点，主要是针对教学法而言，即如何选取材料和方法，克服学生的认知困难而达到教学目标。实际上这三个“点”反映了在学科内容序、学生认知序和教师教学序三者之间的权衡和帷幄。

第三，难以设计问题链以调动高认知水平的学习投入。即便在教学目标界定清晰的条件下，如何在教学中用真正能激发学生认知挑战兴趣的环环相扣的问题引导课堂中教与学活动的展开，仍然是个难点。这里具体分为几个层面：首先是对“问题”的理解惯性很大。问题有时被理解为习题，有时更被理解为冠以一个问号标记的句子。而一个真正的“问题”一定是对学生认知构成挑战的、没有现成答案、不是通过记忆提取的学习任务。其次是对“问题的大小”不加以区分。通常的情况是教师把学习任务分解成一系列问题，可是这些问题往往过于琐碎、没有考虑其合适的认知空间，因此问题挑战的认知水平并不高。最后是对“问题的功能定位”不加考虑。通常的状况是教师把设计好的一系列问题来个“满堂问”、鲜见学生“主动问”。如果我们想让学生触及学科本质，就要鼓励学生提出问题，教师需要对一些反映学科本质的问题留有空间——哪些问题由教师提出，哪类问题由教师引导，哪种问题应诱导学生主动提出。

“记问之学，不足以为人师”。“本原性问题驱动课堂教学”的提出，不但着力于学生学习学科本质，尤其是在问题驱动下进行学习，把“学之困”和“教不足”联结在一起，是对“人师”的追求，它体现了我国传统教学思想——“教学相长”的作用与意义。从事物本原的高度来透视，就能形成从事物内在本质来剖析的能力、形成所谓的大智慧，正是本原性问题驱动课堂教学所追求的境界。

第二章
课堂实施
——如何让初中课堂教学模式更为有效

引言：课堂应该是一个什么样的地方

图 2-1　课堂漫画

看到这幅漫画，你有什么感想？

这幅画的创作意图本身不是要讨论课堂教学问题，只是借用了这样一个环境空间。不过创作离不开生活，因此也就会有一些因素是现实课堂的真实写照，同时还有一些是作者基于现实赋予课堂的美好憧憬。例如，课堂设在阳光灿烂、绿草如茵、生机盎然的大自然，想来教与学的生活应该是美好的、幸福的。

你看老师捧着书本教得多么认真！但是有人质疑老师的教学内容远离学生的生活，甚至是拿一个无解的问题在浪费学生的时间。

学生学得也很认真。从画面看不出学生究竟学会了什么，但厚厚的眼镜片却是显而易见的……

再看下面这个案例。

【案例】一节引发了名师工作室教师研究方向的公开课

这是2006年7月的事情。公开课的课题是《动能和势能》。其中有这样的一个片段①：

老师带领学生研究“影响动能的因素”，让学生用文具盒作斜面，研究质量对动能的影响。首先要解决的问题是“如何保证速度一样？”老师建议用文具盒当作斜面，请学生观察“小车下落高度相同，到达斜面底端速度是否一样”。学生尝试后，评价不一。老师就用视频来进行补充说明。播放Flash，两个质量不同的小车在斜面的同一高度同时下滑，遗憾的是，没有同时到达底端(估计是做得比较匆忙)。这下坏事了，本来是请个帮手的，不想来了个潜伏的“叛徒”。没有办法，老师只好生硬地说：“如果我电脑水平再好一点的话，它们会同时到达底端的。”“如果它们同时到达底端，说明什么呀？”一些学生会迎合老师，反正说什么已经不重要了，老师需要拨动你的同情心并暂时让你承认一个你“口服心不服”的结论。

这是课堂教学吗？分明是师生共同演戏给观摩课的人看。可悲的是，学生已经被教师培养成非常好的演员，不用排戏就知道自己该如何呼应主角、配合教师把戏演好。这样的课堂情景恐怕各位教师都能举出自己学科的教学实例吧？新课程强调学生要参与课堂教学，于是教师们首先是从形式上遵照执行了，表面上不再一言堂、一个人从头讲到尾，但是如果教师不从根本上改变教学观念，还是认为教学的根本任务是传授知识(特别是考试要考的知识)，那么带来的问题除了“灌输式”的不良后果，还附加了教学生察言观色、弄虚作假，后果更严重！

事情往往是旁观者清(看起来，教师之间互相听听课，坐到学生这边感受一下，有利于我们发现一些自己平时注意不到的问题)。案例中听课的老师看到这儿意识到问题了：“这里很不讲证据。明明我们的意见不一致，你还打算用你制作的动画来‘帮腔’，这是不是说‘我们亲眼看到的都不重要，老师说的才重要’？这对培养学生实事求是的精神是有百害而无一利的。”他们由此想到“证据意识太重要了”，从这开始，他们就非常关注探究教学中这些承载着科学精神的细节，5年之后的2011年11月，一本《证据物理——“张世成工作室”物理教学研究之旅》呈现到世人面前。

课堂应该是教师与学生一起进行探究的地方，课堂教学应该是教师通过组织生生、师生的对话交流，来扩大学生认识世界的视野、影响学生面对各种问题时的思维方式，促进学生知识、能力、情感、态度、价值观等多方面的健康发展。教学是生命体的活动，应该是鲜活的，应该能不断生成对每个个体有独特价值的东西；教学又应该是有计划的活动，教师对教学应该有清晰、全面、合理的预设，这样的课堂教学才能有效。

---

① 张世成．证据物理——“张世成工作室”物理教学研究之旅．南京：江苏人民出版社，2011：100～101

一、合理预设有效教学目标

你在备课的时候最费心思思考的问题是什么？是确定教学目标吗？目标是教学的出发点与归宿，应该是教学设计中的“重中之重”，你是否认真对待了呢？你在填写教学设计或教案中“教学目标”一栏时是什么态度？

请看一篇获得 2007 年“人教杯”中学语文课程改革研讨会征文二等奖的文章。

【案例】新课标下中学语文课堂教学目标设计上的误区与对策[①]**(节选)**

目前由于方方面面的原因，在课堂教学目标设计上存在着诸多误区，主要形式有以下几种。

1. 无目标型

这种无教学目标的教学早已存在，正所谓“铃声一响，走进课堂；要讲什么，等我来想”，这显然是不负责任的教学态度。现如今，新课程改革的实践过程中，同样存在着类似现象。有些教师一味强调“自主”，讲什么，由学生来定，教师完全跟着学生走。他们对学生完全听之任之，口口声声说是“以学生为主体”，是“尊重学生的意见”，是“满足学生的需要”，这种做法其实恰恰背离了新课标精神。

2. 目标笼统型

这里存在两种情况：一种是把一节课的教学目标定得太大，与语文教育目的、与课程目标混为一谈，如有人设计了这样的课堂教学目标：“通过对课文的学习，培养学生热爱生活、关心他人的品质”，“通过教学提高学生的阅读、写作能力”，“培养学生的审美能力、提高学生的语文素养”。

另一种是把课堂教学目标定得“放之四海而皆准”，千篇一律。如遇到散文就是美感教育，遇到诗歌就是意境鉴赏，遇到小说就是形象分析，遇到古文就是古汉语知识等，没有针对一篇课文的一个课时来实实在在地找准一个具体的目标，从而导致语文课热热闹闹地上了那么多，可学生的知识和能力并未相应地得到增长和提高。

3. 目标偏执型

这里也存在两种情况：一种是目标设计上缺乏全面性。语文课程的总目标按照“知识和能力”“过程和方法”“情感、态度和价值观”三个维度设计，着眼于学生语文素养的提高，充分发挥语文课程的育人功能，促进学生的发展。设计课堂教学目标是对课程目标的具体化和情境化，它既应该体现课程的总体目标，又应该适应教材的具体特点和学生的具体学情，并融合教师的教育教学个性。但在实际教学中，存

---

① 王勤．新课标下中学语文课堂教学目标设计上的误区与对策．参见 http：//www.pep.com.cn/czyw/hdzx/2007rjb/edj/201008/t20100825 _ 739248.htm

在着重视“知识和能力”目标，轻视甚至忽视“过程和方法”“情感、态度和价值观”目标的现象。

另一种情况是凭教师的个人兴趣和爱好设计教学目标。这样的教师往往不顾学生实际，不管教材要求，想讲什么就讲什么，只凭自己的兴趣爱好，偏执一端，死钻牛角尖。

4. 目标淡化型

新课标提出了要拓宽学生的学习空间，增加实践机会，培养创新精神和实践能力，将书本学习与实践学习紧密结合的新的综合性学习理念。有些教师为了体现这一理念，在开展新课程倡导的自主学习、研究性学习时，将教学目标定位于全方位地了解科学知识、文史知识、文化知识等，往往要求学生花大量的时间和精力收集资料，将语文课上成了其他课，完全淡化了语文教学目标。

5. 目标套牢型

这种教学目标设计的误区是与无目标型的教学设计恰恰相反，有些教师在备课过程中，环环都精心设计，课堂上处处严格按预设的环节进行，不敢越雷池一步，唯恐脱离预设的轨道，致使学生的许多智慧火花刚刚闪现就被浇灭了。

这位教师指出的课堂教学目标问题具有普遍性吗？你所任教的学科在确定课堂教学目标问题上有哪些共性的问题？你自己对本学科的课堂教学目标有哪些观点？我们可以从以下四个方面来展开思考。

（一）考虑教学对学生终身发展的意义

苏联教育家苏霍姆林斯基曾经指出：“教育就是学生把老师所教的知识忘得差不多的时候，还留下的一点什么的东西，这留下的一点东西就是教育。”物理学家劳厄也有类似的说法，他说：“教育无非是一切已学过的东西都忘掉后所剩下的东西。”那么，这“剩下的东西”究竟是什么呢？爱因斯坦认为，发展独立思考和独立判断的一般能力，应当始终放在学校教育的首位，而不应当把专业知识放在首位。

1. 每堂课都应考虑其对学生终身发展的价值

当我们听到一位中学物理老师说“我为反封建而教”的时候，估计会被震惊。想一想，物理是怎样的一门科学？我从物理中学到了什么？——物理以真实存在的物理现象为基础，研究物理现象、物理过程中蕴含的客观规律，物理学不断发展人们对自然的认识。在一个时期内接受、认同的真理不是哪个权威说了算，而是必须合理、经得住实验事实的检验。正如“五四运动”高举科学的旗帜，不正是要反帝、反封建吗？“为反封建而教物理”实际上是这位物理教师对物理课程标准“义务教育物理课程旨在提高学生的科学素养”的个性化解读，其精神实质是一致的。

目前，国家对于基础教育阶段学校教育的课程实施三级管理，无论是国家课程、地方课程还是校本课程，一所学校为学生开设哪些课程都不是随意的，每门课程都应该有自身独特的教育价值，综合起来，整体促进学生的全面发展。然而，由于大多数教师绝大多数时候执教的都不是自己参与开发的课程，往往就忽略了对“为什么要让学生学这门课”“为什么要让学生学今天这个内容”等的思考，这是急需改变的现状。

实际上，不同的学科有不同的特色，对学生的发展可以有不同的促进作用。新世纪初，高中课程改革新增了“通用技术”课，一个重要的理由就是，现代社会的人越来越离不开技术，作为一个完整的人，不仅应该有高度的科学素养与人文素养，而且应该具有好的技术素养。而我国原有的课程体系主要偏重于科学素养与人文素养教育，对于培养学生的技术素养远远不够。因此，每一位学科教师都应该思考：我所任教的学科对学生的教育价值究竟是什么、在哪里？

一位历史教育的专家提出了历史教学的三重境界，可供不同学科的教师借鉴、参考。

【案例】历史教学的三重境界——谈历史教育为什么而教①

什么是历史？——历史就是时间。从现象去理解，历史为重大现实问题提供了时间长度，即某一问题的来龙去脉；而从本质上理解，历史更是提供了时间的纵深度，大浪淘沙，历史就像一个大筛子，经过千百年的积淀，我们发现——如和平问题、发展问题、环境问题、人口问题、人权问题等——真正的现实问题往往就是被历史证明是人类社会永恒的话题。

历史学科面临着价值危机，而历史教师正在经历着信念危机，因此，历史为什么而教依旧是一个虽带有理想色彩却极具现实意义的问题。

历史教学有三重境界——为历史课而教是教学者，为历史学而教是教书匠，为人而教方成为真正的教师。三重境界是循序渐进的发展过程。一般而言，进入第一重境界需要的是责任心；进入第二重境界需要的是对历史和历史学的理解；而进入第三重境界则需要对历史和生活的感悟，对生命的尊重和敬畏。当然，上述说法并不绝对，并不孤立，而是层层递进，你中有我，我中有你。三重境界构成了理想与现实的冲突。

一堂有力度、有效率的历史课应该努力去实现理想与现实之间的三个平衡点——大历史观的构筑、历史思维的养成和历史借鉴作用的揭示。

初中各学科的课程标准都明确提出了本学科的课程目标，而这些总目标都是指向学生终身发展的。当然，不能是喊口号，每节课的教学目标里都应写上一条“培养学生的思维能力”“培养学生的健康人格”，要结合具体教学内容将能力发展、品格发展的大目标具体化。

---

① 朱能. 历史教学的三重境界——谈历史为什么而教. 参见 http：//hist.cersp.com/xspd/200608/3607.html

请看下面一位数学教师制定的“平移”课的教学目标。

【案例】数学课“平移”的教学目标①

知识与技能目标：一是通过具体实例认识图形的平移变换，探索它的基本性质。二是能按要求做出简单的平面图形平移后的图形。三是要明确平面图形的平移变换，不少平面图案都可以看作是由其中的某一部分，沿着上下或左右的方向，平移若干次而成的。

过程与方法目标：通过具体实例认识图形的平移变换，通过现实生活中各种丰富的实例，让学生体会图形的平移现象，让学生通过各种图形的平移，体验感受图形平移的主要因素是移动的方向和移动的距离。探索它的基本性质。

情感与态度目标：认识和欣赏这些图形的平移变换在现实生活中的应用，体会数学与实际生活的密切联系，认识数学的价值。

学生为什么要知道“平移”、会进行图形的平移变换？看来这并不是数学课讲“平移”的最终目的。培养学生的数学素养的大目标以“图形的平移变换”这样一个知识载体，具体化为“变换”的思想与认识世界的一个新视角——体会和欣赏现实生活中图形的平移变换。反过来，学生的数学素养也正是通过这样一节节具体课时目标的达成而得到整体提升。

2. 把促进学生终身发展的目标装在心里

不少教师是因为反感领导查教案这种形式化的管理方式而不认真对待教学设计里的“教学目标”，随便抄一个别人的设计来应付，这也无可厚非。我们认为，真正的教学目标是装在教师心里的，关键是要从教学观念上树立“为了促进每一个学生的发展而教书”的信念。

【案例】物理课《沸腾》片段②

……

教师：一直传热，前面并没有沸腾，说明前边温度还不够高，那说明沸腾是需要达到一定温度的。也就是说它有一定的温度要求。必须要达到某一定温度，它才能够沸腾。大家知道水的沸点是多少呢？

学生(一起)：100 度。

教师：是吗？

学生(一起)：在一个标准大气压下。

教师：哎，这就体现了我们有水平了。沸点这个东西，它是与环境有关系的。当别人问你水的沸点是多少，你应该心里咯噔一下，什么时候啊？

① 师加祥．浅谈新课改下数学教学目标的设计．发展，2009(8)：105

② 卢慕稚，张友金，闫立新．中学物理教师学科专业素养与课堂教学实践．北京：首都师范大学出版社，2013：245～260(执教教师：北京市十一学校秦建云)

学生(一起)：一个标准大气压下。

教师：哎，一个标准大气压下。因为我们已经学了大气压了。如果不在这个条件下，它的沸点并不是100度。我们现在可能是100度吗?

学生(一起)：不能。

教师：为什么啊?我们目前的大气压，我们在学大气压的时候我们应该测定过了，我们这个地方大气压什么特点?低于一个标准大气压。因此测出来的沸点比那个要什么?

学生(一起)：低。

教师：那说明大家很明白啊。明白了有一定温度的要求，达到一定的温度才能沸腾，我们把这个温度叫什么东西?

学生(一起)：沸点。

教师：达到的这个温度就叫沸点。并且我们还知道这个沸点与什么有关系啊?

学生(一起)：大气压。

教师：哎，所以最后就是气压要是大，那么说说沸点是高还是低?

(学生有的说高，有的说低。)

教师：好，有不同的声音就有辨别真理的机会了。现在谁也说服不了谁，想什么办法来说服我们自己并说服别人?

学生(一起)：做实验。

教师：怎么做实验?

(某学生小声说：在高山上。)

教师：别乐！非常之好的，说明他明白一个什么道理啊——越高气压越小。好了，我在高山上测一回，在河沟子里面测一回，如果有差异是不是就能证实啦?

学生(一起)：是。

教师：哎，那么我做这一次是不是就彻底证实了?

学生(一起)：不是，要多测。

教师：哎，必须要大量地做。凡是这样的情况下确实都是这样，我们才认定它是对的。否则做一次就认定它是对的或者认定它是错的都是非常恐怖的。那我现在问，我这有高山吗?

学生(一起)：没有。

教师：我不能做了吧。能不能做?

学生(有的)：能。

教师：能做?那你们谁能告诉我怎么做?(指着桌上的仪器拿着皮管)我是不是往里边给它加压就可以了?怎么加压?是不是吹?谁来吹?

(学生笑。)

教师：看到这儿(指着皮管末端)就恐怖啊，你们别吹了，你上来手试试?所以我们在操作之前一定要注意人身安全。科学是需要勇敢的，但勇敢并不等于鲁莽。那现在我们是不是就换个嘴，换个不怕烫的嘴吹啊？

（学生笑。）

教师：（拿着打气筒）看，气筒。我现在怎么办？开着呢吧，好，我现在给它打气。是不是气压变高了啊？变高如果沸点值升高肯定就扑哧一下不开了对吧？那好，我给它打气。注意使用这个筒的时候它有两个孔，那告诉我当一看到两个孔就不知道接哪个孔了吧？那你要验证哪个孔是出气哪个孔是吸气吧？怎么验证？

学生（一起）：打一下。

教师：打一下我就打一下，哎，你感受了，太偶然了（有水从出气孔出来），这里面有水。没水呢？能看见吗？

学生（一起）：用手。

教师：哎，如果是吸气你打一下，它是吸的感觉，要是出气的话，你打一下就会发现什么？顶你的感觉。你的手是不是受到顶撞了？因此哪个是出气的？

学生（一起）：上面的。

教师：因此我就拿它示范（将乳胶管末端连到打气筒上），如果我遇到这个塑料套我套不上去应该怎么办？

学生：用火烧。

教师：用火烧一下？烧过吗？没烧过你怎么说用火烧？见过别人烧吗？见过？别人烧一下？那不叫烧一下，叫加一下热。为什么加一下热行啊？

学生（一起）：软了。

教师：哎，让它更易于膨胀。好，那还有一种方法，如果我们没有高温物体加热怎么办？

学生：换一个。

教师：换一个粗的？没有了怎么办？哎，蘸一下水再往上弄它就可以了。好，现在看着冒泡呢吧？（打气，乳胶管连接烧瓶的那端突然崩开）出现什么现象了？太大了，以至于是不是这儿开了？注意！刚才这没有太大的不安全，还能忍受得了。所以操作的时候得循序渐进，这点是做实验过程中应该注意的。（教师慢慢推气筒向里面打气）怎么着了？那我现在问，换这个地方（指抽气口）是不是抽气？会干嘛？是不是能把它抽开了？那我们看看（将乳胶管从打气口上拔下来准备接到抽气口上去），坏了，没等我抽呢它就开了，怎么办？我想看抽开的而不是烧开的怎么办？

学生（一起）：拿走酒精灯。

教师：哎，别让它（酒精灯）烧，因此我们先把酒精灯给它取下来，注意酒精灯怎么灭（教师盖了一次）？

学生：不行，要盖两次。

教师：盖两次？为什么？噢，盖一次里边的氧气燃烧掉了它容易干吗？是不是吸上了，下一次它就不方便啦？聪明！我都不如你们聪明，我盖了一次就该吸住了。好，现在看，我是不是要抽啦？（把气筒的吸气口接入到乳胶管的末端）看看，怎么了？

学生(一起)：水沸腾了。

教师：好了，你们还争吗？不争了吧？有关系吗？最后是什么结果啊？

学生(一起)：气压越高沸点越高。

教师：记住，当我们一旦出现不同观点的时候，首先要做的不是争论，而是想办法支持或者否定我们的观点。那么用什么方式？大家公认的方式告诉我是什么方式？

学生(一起)：实验。

教师：也就是说，有一定的温度的要求，只有达到沸点我们才能够实现这一点。我有一次遇到这样一件事情请大家来解释一下。我也是给它加热，我重复一下当初的现场大家帮我解释一下，我始终解释不清楚。我当初是这么做的(点燃酒精灯，放到烧瓶下对水进行加热)，加热，让它沸腾。(等待水沸腾)我们耐着性子等会儿啊。在观察的时候我现在要问，为什么我们加热的时候放一个石棉网？谁能说说？

(学生小声嘀咕。)

教师：大声点，没事，说错都没关系。受热面积大，噢，因为它大，所以受热面积大，直接底下是不是受热面积小？这是我们直观看到的一个东西，这个大与小最终的结果是什么？哎，受热是否均匀。受热不均匀会产生什么后果？有的时候会局部过热。我们都知道是不是热胀冷缩啊？局部忽然间过热而其他的温度又跟不上会出现什么情况？不同地方的热胀冷缩有严重的差异，最后会怎样？裂。会损坏器材。所以我们通常怎么办？在加热的时候一定要均匀加热。当然，你们千万别回去跟你父母说：不行，我们家火锅下面要搁个石棉网。

(学生笑。)

教师：因为那个材料在这个方面的承受性要比较好，我们没必要。但我们都知道这是什么器皿。

学生(一起)：玻璃器皿。

教师：它的耐压承受是有限的，或者说它对热胀冷缩的这个形变的承受是有限的。所以像这样的器材我们要注意。好，差不多了。当初也是观察、观察，观察到沸腾了，观察完了我想把它摘下来，烫手啊，那你告诉我，我平时烫手的第一反应是什么啊？马上放凉水里面是吧？所以我就想了一个办法，我拿凉水给它降降温啊，以至于我能把它给卸下来，就这么个想法。所以我就把它(酒精灯)拿掉，啊？听你们的！(用帽盖两次酒精灯)然后干嘛？你不能流一桌子啊？(把水槽放到烧瓶下面)然后我拿个烧杯接了一杯凉水(用水浇烧瓶)，看到什么了，是不是又冒泡了？

学生(一起)：嗯。

教师：它又出现了沸腾现象，拿凉水是给它降温呢，它怎么又沸腾了呢？我一直得不到其中的要领，请大家帮我解释解释。

在上面这个案例中，教师有几处体现了恰当地把握教学的时机，而这背后一定是教师念念不忘的对物理教学的追求。

首先，教师并不是一上来就做演示实验让学生观察沸腾现象。尽管说“物理、物理，就是先要有物才能有理”，但是不能僵化理解。沸腾是生活中常见的现象，学生并非一无所知，一上来就让学生观察实验现象的话，等于人为地割裂了物理课与生活的联系。相反，让学生回忆并描述他们在生活中观察到的沸腾现象，一方面使教师有机会了解学生关于“沸腾”已经知道些什么以及学生的观察能力，以迅速调整自己的教学计划，其教学会因更加具有针对性而高效；另一方面也使学生较之被动观察教师提供的实验现象而处在了更积极主动的学习状态。

其次，学生出现意见分歧是教师最为乐见的教育契机。这里，学生都知道水的沸点与气压有关，但不清楚气压增大，水的沸点升高还是降低，教师抓住这一点，“好，有不同的声音就有辨别真理的机会了。现在谁也说服不了谁，想什么办法来说服我们自己并说服别人?”在教师的引导下，学生提出要做实验进行验证，并真的通过实验认识到“气压增大，沸点升高”。从这个案例可以看出，教师这段教学的目标不只是教学生认识一个科学常识，更重要的是希望学生养成科学的思维方式，他向学生强调的是：“记住，当我们一旦出现不同认识的时候，首先要做的不是争论，而是想办法支持或者否定我们的观点。”对此，现在我们公认的方法是用实验进行验证，但是“做一次就认定它是对的或者认定它是错的是非常恐怖的”。

教师还借演示实验之机教学生认识实验器材、正确操作实验教材——用打气筒时，教学生如何识别打气孔与抽气孔；熄灭酒精灯时，问学生应该如何盖盖儿并讲清道理……特别是当自己打气打猛了，乳胶管一下子从连接处脱落，课后在与听课教师交流时这位教师说：“发生了是很好的一件事情，我们不能无动于衷，顶出来了我们再按上，坏了，实际上是我们成人在回避我们在操作过程中的错误，而今天你如果不说清你的错误，明天孩子就会重复我们的错误。什么是该讲的？这就是该讲的。”我们说，不仅该讲，而且这个时候讲也是最有效的，学生往往能记一辈子。

上述案例看起来反映的是课堂生成问题，但是我们说，教学内容与活动组织可以现场生成，但整体的、原则性的教学目标必然是在教师心中早有预设的。这样，他们才能在教学中捕捉到恰当的时机，对学生适时地展开润物细无声的教育。

(二)基于学生的水平与需要

建构主义学习理论告诉我们，学生在教师创设的情境中学习，新的信息之所以能够起作用，一定是与学生头脑中的原有认识发生了碰撞、引起了反应。如果学生对教师讲的、给他看的一无所知，则学习是不可想象的。即学生的已有知识、经验是后续学习的基础。然而，学生已有知识、经验可能是不完备的，还可能是错误的，甚至是很顽固的错误认识。如果教师不了解学生的已有认识，教学就找不到起点，教师自说自话，学生则按照自己的经验提取、建构出另外一番图景。

教学是教师教、学生学，学习的主体是学生。正如每个人的身体素质不同、参加各种体育运动的经验不同，教练如果不顾参训队员的原有基础提出不切实际的训练计划，例如让拍球、运球都控制不住球的人练三步上篮，结果一定是达不到预想的效果。教师在设置每一堂课的教学目标时如果不以学生的原有认识为基础，那么再好的教学目标也是不可能实现的。即使教师在课堂上生拉硬拽地看似完成了教学任务，教师通常会感到教得很累，而学生也不可能真正理解教学内容。

因此，教学设计首先要分析学情，在此基础上，针对不同学生的需要设计不同层次的教学目标。

1. 学情分析是基础

【案例】化学课“空气中氧气含量的测定”教学设计①(节选)

一、教材分析

空气中氧气含量的测定在化学史和科学史上具有极其重要的地位，不仅因为其推翻了燃素学说，还因为研究过程中的实验方法的多样性和科学性能够为学生提供一种化学情境，使学生开始了解化学的历史，体验科学探索的过程，接受一些最基本的化学思维方式、实验方法、探究方法的熏陶。同时，定量实验的学习也为质量守恒定律的理解打下基础。

二、学生分析

初三的学生学习化学时间不长，缺乏化学实验方法和化学思维方法。空气中氧气含量的测定因涉及气体体积的变化，对学生而言，这种定量的研究较为抽象，所以探究过程会存在困难。采用通过实验现象进行启发引导的方式，可以培养学生发现问题、分析问题的能力，同时提高实验设计的能力。

探究活动必须建立在学生已有的认知结构和能力的基础上，《2.2 神奇的氧气》中《氧气的性质和用途》的学习为空气中氧气含量测定的原理探究提供了认知基础，而《怎样得到氧气》的实验过程的学习则为学生设计实验打下了一定的基础，所以将这两部分的教学内容调整在本节课之前。

三、教学目标

1. 知识与技能

(1)发现并理解空气中氧气含量的测定原理，掌握基本的测定方法。

---

① 彭秀莉. 真北中学《新课程背景下课堂有效教学策略的研究》四步互助组内公开课教案. 参见 http：//wenku. baidu. com/view/54c0ffd3b9f3f90f76c61bc3. html

(2)了解空气组成的发现史，初步认识科学探究的基本模式。

(3)掌握从定量角度发现问题、分析问题和通过实验设计解决问题的初步技能。

2. 过程与方法

(1)通过蜡烛实验的观察与分析探究出测定空气中氧气含量的方法，学习从量化的角度分析实验现象的方法。

(2)通过实验探究、史料对照、分析改进的学习过程，掌握科学研究的基本方法。

3. 情感态度与价值观

(1)通过实验现象的分析，帮助学生树立透过现象认识事物本质的辩证唯物主义观点。

(2)通过拉瓦锡的实验介绍，体验发现真理的途径和方法，形成实事求是的科学态度。

(3)通过对实验方法的改进，培养学生严谨求实、不断挑战的科学精神。

这节课的教学目标是在“一、教材分析”和“二、学生分析”的基础上制定的，尤其是通过对学生现有的化学实验知识和探究任务需要的学生能力的分析，发现学生认知经验的不足，为此调整了教学内容的顺序，再制定出恰当的教学目标。

既然学情分析是制定教学目标、确定具体教学内容与教学活动的出发点，那么，学情分析也应该是越细越好，需要的话，还应该为此进行专门的调查。

让我们再看一看几位物理教师关于学生学习“自由落体运动”知识的学情分析。

【案例】几位物理教师的学情分析

学情分析之一：

学生已经掌握了有关匀变速直线运动的规律，以及初速度为零的匀加速直线运动的结论，为自由落体运动知识的学习做了铺垫，因此学习这一节课的困难就有所下降。

学情分析之二：

对于自由落体运动，学生有一定的感性和模糊体会，但理解自由落体运动概念，对学生而言有一定的困难。主要来自两个方面：首先是物理语言的误导，使学生认为只要从某一高度随意下落的物体做的就是自由落体运动；其次是生活中的落体运动与自由落体运动的区别——现实与理想的差异。因此，在本节课教学中利用了实验和理论探究的方法，让学生自己体验、分析、归纳、讨论、评价等得出结论，激发学生的学习兴趣，培养动手与合作能力，生成学生透过现象看本质的物理意识。

学生有匀变速直线运动规律、打点计时器及纸带分析的学习基础，完全可以通过自主体验与自主学习来完成本节课的内容。学生可能将自由落体运动与匀变速直线运动知识割裂，教学中要注意引导学生，将新知识纳入旧知识结构，让学生体会到自由落体运动只是特殊匀变速直线运动而已。

学情分析之三：

1. 学生已掌握匀变速直线运动的基本特点，能用这些理论处理基本的匀变速直线运动。有独立学习与思考自由落体运动的能力。

2. 通过个体或小组学习，虽然可以对亚里士多德与伽利略的研究有所了解，但对科学研究方法的认识与使用尚有一定的差距，特别是对科学方法的本质与自觉应用，这是学生不能很好地完成初高中物理学习过渡的关键问题。

3. 受自研条件的限制，学生无法从实验的角度来认识自由落体运动的特点，学生需要进行实验探究。

有比较才有鉴别。相比之下，“学情分析之一”的分析形同虚设，对教学设计不会有任何帮助。“学情分析之二”和“学情分析之三”针对具体教学内容既看到了学生已经具备的能力、“模糊的”感性认识，也分析了学生存在的认知误区和可能的原因，相应的教学目标和教学策略也就呼之欲出了。“学情分析之二”和“学情分析之三”的差别主要在于，“学情分析之三”还关注了学生对于科学方法的认识水平，这样，在“学情分析之三”对应的教学过程中就有了让学生讨论的以下几个问题。

问题1：亚里士多德与伽利略都是伟大的学者，但是对自由落体运动的研究，为什么伽利略得到了正确的结论而亚里士多德却得出了错误的结果？

问题2：如果你生活在亚里士多德的年代，面对比比皆是的重物下落快的现象，你会怎样想？

问题3：在不能实现真空环境的情况下，如何粗略验证落体运动的快慢与物体的轻重无关？

……

显然，围绕教学内容，应该从哪些角度分析学生的认知基础与学习潜力，考验的还是教师的教学观和学科素养。

2. 目标分层使人人皆有发展

【案例】某数学教师“幂的乘方”一节的教学目标设计①

1. 掌握幂的乘方运算法则，能够运用法则准确进行幂的乘方运算。

2. 通过本节内容的学习，培养学生综合运用已知的数学知识探究数学规律来获取新知的意识。

3. 让学生体验从“一般到特殊，再从特殊到一般”的数学思想。

说明：目标1是基础目标，要求每个学生必须达到。目标2是发展目标，鼓励学生通过自主探索与合作交流后，大部分学生能达到。目标3是给已经具备一定能力的学生提出的，引导学生体验数学知识及其他学科知识中蕴含着的普遍规律性，

---

① 师加祥．浅谈新课改下数学教学目标的设计．发展，2009(8)：105

进而激励学生从诸多特殊现象中探究一般规律的兴趣。

数学新课程标准要求实现“不同的人在数学上得到不同的发展”的目标，整体的课程目标必须通过每一堂课的教学予以实现。因此，每堂课的教学目标设计就要具有层次性，为不同基础、不同需求的学生设置可拓展的空间。即每一个教学活动的目标设计，既要有基础性目标，还要有发展性目标。在保证全体学生实现基本目标的基础上，根据不同学生的特征，提出不同的发展目标，力求能够实现每个学生在同样的学习活动中都得到其最大的发展。

那么应怎样设计分层教学目标？下面来看一位数学教师是如何设计分层教学目标的。

【案例】《浅议数学课时目标的分层教学》论文①(节选)

……

(二)怎样分层

确定分层目标必须坚持“三性”：

1. 整体性。分层目标是根据课时目标分解出来的，因此每层目标同样应包括知识、能力、情感三个方面。上、下限目标应设在这三个领域的同一系统“轴心”上，无论是横向的还是纵向的都要保持一致，区别仅在于视学生接受能力的差异而定的具体要求不同。这样才能保证不同程度的学生在上述三个方面的整体协调发展。如《三角形面积》第一教时的分层目标为：

	下限目标	上限目标
能力	能依照书上拼法学会推导三角形面积计算公式	能独立剪拼用多种方法推导三角形面积计算公式
知识	1. 掌握三角形面积计算公式 2. 会正确计算三角形面积	会灵活运用三角形面积的计算公式解决一些实际问题
情感	渗透实践—认识—再实践—再认识的观点，进行辩证唯物主义的熏陶	

2. 序列性。分层目标属微观目标，它是数学总目标系统中最基础、最具体的“细胞”。它立足于昨天的教学基础，着眼于明天的教学进展，并与课时目标、单元目标、全册目标、教学大纲相配套。制定时要避免分层目标的盲目性和随意性，做到上限目标不过分超前、提高，下限目标不过分滞后、降低。

例如，《已知一个数的几分之几是多少，求这个数的应用题》第一教时：

① 王银海. 浅议数学课时目标的分层教学. 参见 http：//www. docin. com/p-199178149. html

下限目标	1. 认识这类题目的特征 2. 能找出单位"1"的量和数量关系 3. 会画线段图 4. 会用方程解的方法解这类题目
上限目标	1. 会用算术和方程两种方法解这类题目 2. 会根据线段图编这类题目 3. 会用改编的方法进行验算

3. 正确性。各层目标的"度"要明确、适切，应根据学生的学习水平差异，准确地设在各类学生的"最近发展区"，成为可操作的科学指标，可以从三个方面考虑。

(1)难度。如二步计算求百分数的应用题第一教时：

下限目标	1. 认识这类应用题的结构特征 2. 能找出单位"1"的量和数量关系 3. 会用一种方法解这类题目
上限目标	1. 能完整地口述这类应用题的解题思路 2. 会用两种方法解答这类题目

(2)密度。如下限目标要求每分钟做 3～4 个口算题，则上限目标可要求每分钟做 5～6 个口算题。

(3)梯度。如《三角形面积》第一教时(见上面)。

这样设置分层目标能使学生得到"各有所获"的效果。

……

不可否认，在教学过程中有时也会出现预定的上限目标难以达到或下限目标定得过低的情况，这就要求教师根据学生学习过程中反馈的信息及时做适当调整，使偏离"最近发展区"的学生，通过调整步入"最近发展区"，使之达标并获得"成功感"。

(三)体现课时在学习进程中的阶段性

日常教学中我们常常见到有教师拿近几年的中考题让学生做，初学一个新知识就想让学生见识一下这个知识点的"中考要求"。先不说这一做法暴露出该教师不正确的以应试为目的的教学观，只从人的认知规律来分析，这种企图一步到位的做法根本就是错误的。中考试卷有整体的难度分布设计，每道题的难度不同，但总的来说，中考对学生的要求是初中学业完成时应该达到的水平，这里面包含青春期少年的自然成熟，有三年间所学全部知识之间的相互作用的积累，即使是单就一个孤立的知识点来说，任何学习者也都要经过理解—巩固—深化—活化的过程，不可能一蹴而就。新授课与复习课，它们的课时教学目标绝对不应该是一样的。每节课在制定教学目标时都应很好地把握其在初中全课程中的阶段性特征。

另外，现代社会的科技进步带给社会的是知识量的迅猛增长，人们的生活方式与思维方式都随之改变，基础教育（尤其是其中的科学教育部分）的知识内容受学习规律的限制，离科学发展的前沿越来越远，学生在学校学习的知识内容与他们从网络等社会环境中接触到的新知识离得越来越远，这也可能是学生厌学的一个重要原因。国际上，已经有一批教育家、科学家关注这个问题，提出了解决问题的设想。

1. 关注"大概念"，关注知识间的联系

2009 年 10 月，十几位国际著名的科学家、工程师、科学教育工作者聚集苏格兰，商讨基础教育阶段的科学教育应该让学生接触哪些核心概念，会后形成并出版了《科学教育的原则和大概念》一书。我国的韦钰院士参与了这项工作，并将该书翻译成中文出版。在该书①中，这些全球顶尖的科学家指出："科学教育不应该传授给孩子支离破碎、脱离生活的抽象理论和事实，而是应当慎重选择一些重要的科学观念，用恰当的、生动的教育方法，帮助孩子们建立一个完整的对世界的理解，初步形成科学态度，掌握科学方法，了解科学精神，构建一个人健康协调发展的基础。"特别值得注意的是，该书提出了科学中的"大概念"这个概念。

科学教育为什么需要大概念？

诺贝尔物理学奖获得者费曼提出过这样一个问题："如果发生一场大灾难，所有的科学知识都将被毁灭，只允许留下一句话给后代，如何能以最少的字句传递最重要的信息呢？我相信应该是有关原子的假定：所有的物质都是由原子组成的，这种小的微粒处于永恒的运动之中，它们相距不远时，相互吸引；而当一者被塞入另一者之中时，相互排斥。"这说明什么呢？"可见概念作为组织起来的科学知识，它们是有层次的。也就是说，有一些概念能够解释的客观现象较少，可以称它们为较小的概念；有的则更为抽象，建立在较小的概念之上，往往可以解释更多的客观现象，这些就是较大的概念。科学概念中有一些概念要比另一些概念能够解释更多的自然现象、甚至跨领域的自然现象。在人类的历史上这些科学概念的建立也给科学的发展和人类社会的进步带来更大的影响。"②

然而，在全世界的范围内，现在学校的科学教育都无法使许多学生接触到发展着的、宽泛的科学知识，无法帮助学生了解他们周围的事物，使他们成为一名能做出有依据地进行决策的公民。为此，科学教育的目标不是去获得一堆有事实和理论

① ［英］温·哈伦．科学教育的原则和大概念．韦钰，译．北京：科学普及出版社，2011

② 韦钰．科学课程要围绕重要的科学概念和模型组织教学．参见 http：//eblog.cersp.com/userlog13/120853/archives/2011/1565008.shtml

堆砌的知识，而应是实现一个趋向于核心概念的进展过程，这样做有助于学生理解与他们生活相关的事件和现象。

再看下面两个案例，进一步思考有关“大概念”的问题。

【案例】养蚕①

养蚕是在幼儿园和小学中普遍采用的案例，很有中国特色。有的教学中，让学生详细地观察和记录蚕脱了几次皮？每次相隔多少时间？每次脱皮时，蚕有多长？蚕在结茧时是怎么进行的？甚至观察蚕结茧时用了什么样的架子？这些架子是什么材料？是什么形状？等等。当然培养学生仔细观察的能力是好的，可是这些具体的过程和知识学生可能记不住，也很难运用到理解生物的共同特点上。如果我们从了解生物的基本特征：生命周期和生存条件着眼，让学生重点观察蚕如何从卵开始，经过一个生命周期，重新产卵，延续后代。有条件和时间的还可以观察蚕维持生存所需的条件。这样，学生可以通过这个实例，体验到生物都有一个生命的周期，需要一定的生存条件，需要繁殖后代。这些科学概念的形成有利于学生理解其他生物。

【案例】费曼与他的父亲的故事②

一个夏日，在纽约的凯兹克尔山上，当时费曼还是一个小男孩，另一个男孩对他说：“看那儿有一只鸟，你知道它是什么鸟吗?”费曼回答说：“我全然不知。”那男孩就说：“你爸爸什么都没教你!”

后来费曼回忆说：完全不是这样，父亲教了我很多。父亲说：“看到那只鸟了吗？它是一只斯宾赛的鸣鸟。”(我知道父亲其实并不知道这只鸟的正确名字。)父亲又说：“在意大利它叫×××；在中国它叫×××；在日本它叫×××；你可以知道用世界上不同的语言如何称呼这种鸟，但除此之外，你实际上根本不了解这种鸟，你只知道世界上居住在不同地方的人对这种鸟有不同的称呼。所以，让我们来仔细观察这只鸟，看看它在干什么，那才是要紧的呢!”

父亲说：“比如说，看吧，这只鸟不停地啄它的羽毛，它是不是一边走一边在啄它的羽毛?”

费曼说：“是!”

父亲又说：“鸟为什么要啄它们的羽毛?”

费曼说：“可能是它们飞行时把羽毛弄乱了，它们啄羽毛，以便把它们的羽毛理顺。”

父亲又说：“好吧，如果是这样，那么它们只需要在飞过以后啄一会儿，当它们落地一段时间以后，就不应该再啄它们的羽毛了。你知道我问你这个问题的目

① 引自韦钰的博客．参见 http：//blog. ci123. com/weiyu/archive/0-0

② 有不同的版本，详略不同。讲述者是美国国家科学院院长布鲁斯·阿伯尔兹。

的吗？”

父亲又说：“让我们仔细观察一下，它们是在刚刚落下时啄得最多吗？实际上要看清楚这一点，并不困难，比较一下那些刚刚落下的鸟和已经在地上走来走去的鸟，它们在啄羽毛上看不出差别。我说，我放弃我的想法，那些鸟啄它们的羽毛，并不是为了整理羽毛。”

父亲说：“因为有虱子在咬它，虱子在吃羽毛上沾着的蛋白的屑屑。虱子的腿上常常有一些柔软的物质，更小的生物会吃它，这些小生物不能完全消化这些物质，就会排泄一些和糖类似的物质，细菌就会在其中生长。”

最后父亲说：“你要知道，哪里有食物存在，就一定会存在以它做食物而生存的有生命的生物。”

费曼说：“我现在知道，在那些鸟的脚上，可能存在的并不一定是虱子，在虱子的腿上也不一定有更小的生物，父亲告诉我的，也许在细节上并不准确，但是他却教给我根本上正确的东西。”

这是一个被广泛引用的故事。美国国家科学院院长布鲁斯·阿伯尔兹引证这段故事是为了说明，我们每个人不可能都有像费曼那样的父亲，像这样来培养孩子的责任就落在了学校的身上。韦钰院士在博客中也提到这个故事，她指出：费曼的父亲要他观察的内容，围绕着建立一个核心概念——哪里有食物存在，就一定会存在找到它作为食物的有生命的生物。我们现在有些科学教科书上要求学生观察的内容常常没有明确的目的，似乎越细越好。要观察植物，大多是估计树有多高、多粗、什么形状；观看叶子的颜色、形状、大小，等等。要观察纸，就要求学生比较纸的厚薄、颜色、吸水性，再拉一拉，看结实不结实。各人看各人的，越细越好，看完了，各人有各人的标准和感受。天底下的不同种类的树和树叶多的是，纸也各式各样、千奇百怪，我们课堂上能看到的只是沧海一粟。这样的观察结束以后，学生就记住了有不同的叶子，有不同的纸，还有什么？

【案例】科学中的 14 个大概念[①]

科学概念：

1. 宇宙中所有的物质都是由很小的微粒构成的。

2. 物体可以对一定距离以外的其他物体产生作用。

3. 改变一个物体的运动状态需要净力作用于其上。

4. 当事物发生变化或被改变时，会发生能量的转化，但是在宇宙中能量的总量总是不变的。

5. 地球的构造和它的大气圈以及在其中发生的过程，影响着地球表面的状况和气候。

---

① ［英］温·哈伦. 科学教育的原则和大概念. 韦钰，译. 北京：科学普及出版社，2011

6. 宇宙中有无数个星系，太阳系只是其中一个星系——银河系中很小的一部分。

7. 生物体是由细胞组成的。

8. 生物需要能量和物质的供给，为此它们经常需要依赖其他生物或与其他生物竞争。

9. 遗传信息会在生物体中一代代地传递下去。

10. 生物的多样性、存活和灭绝都是进化的结果。

关于科学的概念：

11. 科学认为每一种现象都具有一个或多个原因。

12. 科学上给出的解释、理论和模型都是在特定的时期内与事实最为吻合的。

13. 科学发现的知识可以用于开发技术和产品，为人类服务。

14. 科学的应用经常会对伦理、社会、经济和政治产生影响。

无论最终我们是否接受"大概念"一词，或改用什么其他的词语来表达，不容否认的是，每个学科都有一些核心的思想、观念，围绕它们展开学习和探究，将使学生获得更加系统的知识，把握知识的联系与脉络，可以提纲挈领地活学活用。

前面的案例只是提供了科学教育都有哪些大概念的一个研究成果。2011 年美国又颁布了新的《科学教育框架》，提出将以往科学课程线性、零散、互不相关的内容进行整合，改用科学与工程实践、学科核心概念、共通概念三个维度紧密联系、相互促进地系统组织科学教育的内容，如图 2-2 所示。① 它充分体现了整合这一当代基础教育阶段科学课程改革的核心理念。在密切关注国际动态的同时，我们每位教师目前可以做的就是做好教学内容分析，系统地分析每节课的教学内容在学科整体知识框架中的地位，与其他知识的联系，切不可孤立地看待各个知识点。

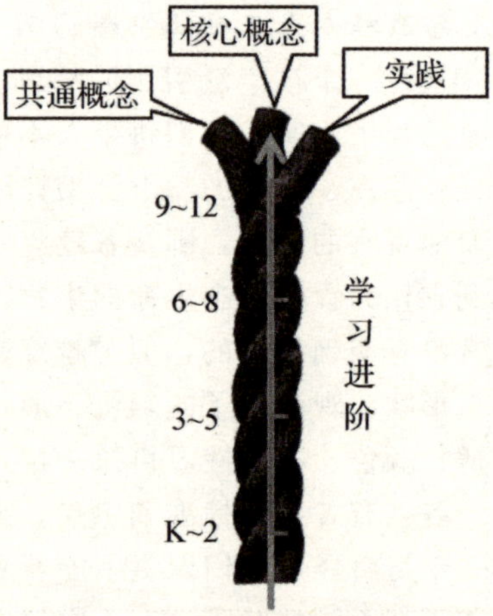

图 2-2 美国新《科学教育框架》的三个维度及其进阶

2. 把握好每节课在学生学习进阶中的阶段性特征

国际科学教育课程改革的另一个值得关注的动态就是关于"学习进阶"的研究。

美国国家研究理事会(NRC)定义"学习进阶是对学生连贯且逐渐深入的思维方

① 郭玉英，姚建欣，张静．整合与发展——科学课程中概念体系的建构及其学习进阶．课程·教材·教法，2013(2)：44～48

式的描述。在较大时间跨度内（如 6～8 年），学生学习和研究某一主题时，这些思维方式依次进阶”①。

以“科学知识基于经验证据”这一核心概念为例，在幼儿园到小学低年级、小学中高年级、初中和高中四个阶段，学生对于“科学知识基于经验证据”的理解应该是逐步拓展和深化的，如表 2-1 所示。

表 2-1　“科学知识基于经验证据”的内容

核心概念	K～2	3～5	初中	高中
科学知识基于经验证据	科学家在观察世界时寻找模式和秩序	•科学发现基于认识到的模式 •科学使用工具和技术来进行精确测量和观察	•科学知识基于证据和解释间的逻辑和概念联系 •科学各学科采用一些共同准则来获得和评估实验性证据(Empirical Evidence)	•科学知识基于实验性证据 •科学各学科采用一些共同的证据准则来评估对自然系统的解释 •科学包括协调证据和当前理论的过程 •当多条证据支持某条解释时，该种观点得到强化

二、选择有效的教学策略

教学对于教师来说应该是一项充满创造性的劳动，只有不断创造才能让教师真正感受到工作的快乐。为了这份幸福的体验，教师需要善于学习，海纳百川般地积累各种有效的教学策略、好的教学活动形式，包括学习新的教育理念、教学方式、教育技术，也包括总结传统中经典有效的教学方法。

本部分我们汇集了新课程以来较受关注的几个教学策略，目的是了解其做法，反思其成功的内在意义，丰富和提升课堂教学策略的守正出新。

（一）增进“自主—合作”学习

1. 真正以学生为主体

杜郎口中学自主创新的“三三六”模式——课堂自主学习的三特点：立体式、大容量、快节奏；自主学习的三大模块：预习、展示、反馈；课堂展示的六环节：预

① National Research Council. *Taking Science to School*：*Learning and Teaching Science in Grade K*－8. Washington，D. C. ：The National Academic Press，2006

习交流、明确目标、分组合作、展现提升、穿插巩固、达标测评——取得了良好的效果：能充分调动起学生学习的积极性，实现“无学困生、无厌学生、无辍学生”。

杜郎口中学的教育改革的一个根本特征是，调动了学生学习的积极性，使学生能够人在课堂、参与在课堂，全过程都关注在学习内容上。

每一位任教于普通中学的教师都知道，最令教师头痛的问题是“学生不爱学习”，教师在课堂上口干舌燥地讲，学生坐在下面却毫无反应。其实，静下心来替这些学生想一想，不少教师也由衷地感叹：“什么也听不懂却还要老老实实地坐在那里，这些孩子也真挺不容易的。”那么教师们为什么还要一味地、不计效果地讲呢？是不是我们教师潜意识中总认为“教师不讲学生就学不会”？换句话说就是：学生不可能自己学会，必须靠教师教会。但真实的状况是：学习是学习者基于自己的已有知识和经验对外界信息进行提取、加工的过程。学生必须真正成为学习的主体，学习才可能发生。杜郎口中学做法中最关键的是使每一个学生都“不得不”学习，分分秒秒都必须处于积极思考的状态。

让教师们也很熟悉的另一个情形是，课堂上学生似乎听得很明白，但一看学生的作业又气不打一处来，即所谓的“一听就懂，一做就错”。实际上这并不矛盾，“懂”和“会”本来就是两个不同的认知层次，学生只有亲身经历认知过程，参与运用知识解决问题的实践，才能够从看着教师做、听着教师说觉得合理到自己能够运用所学知识解决一些问题。

所以，在选择教学策略时，不一定非要形式化地采用“杜郎口模式”，而是要考虑你所选择的教学策略是否能促使学生真正成为学习的主体，自觉或下意识地投入到学习活动中去。

这一方面考验教师的观念与能力，另一方面也需要学生有较强的自主学习能力，这反过来还是需要教师做好相关工作，有意识地培养学生的自主学习能力。

例如，读书、自学是自主学习能力的重要内容，应教会学生看教科书。先粗读，通读浏览一节甚至是一章的内容，以求把握作为一个知识单元整体的重点、难点，然后再细读，对重点难点深入探究、做笔记、在书上圈点，最后重点研读，带着问题进行学习。例如，有位教师针对《动物在生物圈中的作用》一章，布置给学生的预习作业是：“问题1. 动物在自然界中有哪些作用？”就是引导学生学会看书，从课本章节大小标题和段落标题看起，从整体上把握知识内容，形成知识框架。“问题2. 什么是生态平衡？”“问题3. 动物怎样促进生态系统中的物质循环？”则引导学生细读课本的知识点，深入理解重难点知识。他认为，这样既帮助学生学会读书，又对学生进行由浅入深的思维训练。学生掌握了学习方法，才能更好地开展自主学习。①

另外，读书不应该只是到书上找答案，也不应该让学生满足于会用书上的知识结论解决书后练习题。读书需要思考和提出问题，甚至是质疑；读书还要品味文字背后的思维逻辑与情感。

【案例】北京市十一学校“自主研修指导”题②

功与机械能

1. 人们为何把功和动能及弹簧的弹性势能分别定义为：$w=\vec{F}\cdot\vec{S}=FS\cos\theta$（其中 θ 为力与位移方向的夹角），$E_k=\frac{1}{2}mv^2$，$E_p=\frac{1}{2}kx^2$（其中 k 为弹簧劲度系数，x 为弹簧的形变量）？

2. 在运动学部分我们了解到位移、速度、加速度的正负表示方向，在动力学部分了解到力的正负也表示方向，而温度的正负却表示相对高低。功也有正负，那么为什么要定义功的正负？

3. 在功的定义 $w=\vec{F}\cdot\vec{S}=FS\cos\theta$ 中，S 表示物体的位移，但是在你从桌面上提起一段绳子的过程中，由于物体的变形使得物体的位移没有意义，那么在这种情况下又如何选择 S？

4. 根据恒力功的定义 $w=\vec{F}\cdot\vec{S}=FS\cos\theta$，你能否证明恒力做功的多少与路径无关，仅与起始位置有关？还有一些力，尽管不是恒力，但是其做功的多少也与路径无关，我们把这种力称为保守力，你能说出几个这样的力吗？它们与恒力做功与路径无关在能量的改变上有什么差异吗？

5. 瞬时功率与平均功率是如何定义的？从功率与力及物体运动速度的关系中你能得到哪些启示？

6. 我们通过学习可以知道 $w=\vec{F}\cdot\vec{S}=FS\cos\theta$ 是恒力功的求法，那么变力功又该如何求呢？

7. 我们都知道物体之间的作用是相互的，可是一对相互作用的弹力或静摩擦力的功之和为零，而一对相互作用的滑动摩擦力功之和却不为零，你是如何理解这种差异的？那么一对场力的功之和又会怎样呢？

8. 一对相互作用的滑动摩擦力在做功过程中一定会伴随着生热现象，那么如何计算在一个具体过程中因摩擦而产生的热量多少呢？

---

① 宋连滨．基于培养学生自主学习能力的生物课课例研究——《动物在生物圈中的作用》课堂设计．参见 http：//www.pep.com.cn/czsw/jshzhx/tbjxzy/jxsheji/8sh/dydy_2_1_1_1/201010/t20101015_936229.htm

② 引自秦建云 2012 年在首都师范大学所做《以问题引导，从本源出发》讲座资料。

9. 为什么在分析系统机械能是否守恒时要考虑系统内力的功，而在分析系统动量是否守恒时却不需要考虑系统内力的冲量？

10. 一个物体或一个系统的动能是否改变取决于什么？由此你又可以考虑到，一个物体或一个系统的弹性势能、重力势能、机械能是否改变又分别取决于什么？

11. 通过学习我们知道势能有正负，那么势能的正负具有什么含义？理论上讲，势能的零可以选择二者之间的任何一种状态，那么为什么引力势能的零却选择在无穷远处？

12. 在动力学部分我们了解到一个物体做自由振动的周期是由自身决定的与其振动的幅度及振幅无关，那么振幅的不同标志着物体的什么不同呢？

13. 因为动能定理及机械能守恒定律中都存在速度，我们知道速度在不同的参考系中所观察到的结果是不同的，那么动能定理及机械能守恒定律的使用是否对参考系有要求？

仔细阅读这份自主研修指导，你会发现，它提出的问题没有一个可以直接从书上找到现成的答案，带着这些问题去读书、查资料，才称得上是“研修”；有独立思考、独立研究，才能体现“自主性”。

2. 合作——充分利用学生资源

【案例】冰心的散文《谈生命》既是优美的文学作品，又蕴含着深刻的人生哲理，教师如何引领学生欣赏、学习老文学家的文笔，领悟老先生所表达的深刻思想[①]

……

教师：朗读“生命像东流的一江春水”这一部分，说说朗读时感情有什么变化。

学生：随着文章的展开，一江春水所遇到的状况不同，朗读时感情也就跟着起伏变化。

学生：在描写一江春水时充满激情，“愤激”“怒吼”“奔腾”等词可以体现这种感情。

学生：还有，一江春水面对种种不同的境遇时，心情是快乐的、平静的，应该读得轻松、活泼。

学生：当描写春水到达大海时，表达的心情更是平静，没有快乐，没有悲哀。

学生：朗读时，感情激动时要情调高昂，声音响亮；读到感情平静处时语调要深沉。

教师：刚才同学们分析得很到位，一齐朗读，注意感情的起伏变化。

（学生有感情地朗读。）

教师：作者描写“一江春水”的全部生命历程，喻示着人的生命历程的哪些状况

① 周新桂，费利益．探究教学操作全手册．南京：凤凰出版传媒集团，江苏教育出版社，2010：74(执教教师：青岛市崂山八中张斌昌)

和境遇？

学生：“一江春水”的历程显示了人们的生命历程的丰富多彩。

学生：“他曲折地穿过悬崖峭壁，冲倒了层沙积土，挟卷着滚滚的沙石。”说明人生会遇到很多困难和挫折。

学生：“有时候他经过了细细的平沙，斜阳芳草里，看见了夹岸红艳的桃花。”描写了人生中的顺境。

教师：在不同的境域中，他的态度怎样？

学生：当遇到困难险阻时，他勇敢、平静、心中气和。如“他遇到巉岩前阻，他愤激地奔腾了起来”。

学生：他想憩息时，总有一股力量促使他向前，永不停步。

学生：当春水回到大海消融、归化时，他平静、快乐，没有丝毫悲哀。

教师：“一江春水”的生命历程的描写，体现了作者对生命本质怎样的认识？

学生：生命在于运动。

学生：生命是一个进取、斗争的过程。

学生：生命是宇宙中的一分子，个体生命最终要回到宇宙大生命的母体之中。

学生：生命是由渺小、微弱到强健壮大，终而归于消亡，其间幸福与痛苦，顺利与曲折相伴相随。

学生：生命的本质在于奋勇前进，任何力量无法阻碍它、压制它。

教师：大家分析得真好，生命是大自然的奇迹，是值得赞颂、值得讴歌的。

教师：下面请同学们按照我们学习这一段的方法分小组讨论学习“生命像一棵小树”这一部分。

（学生有感情地朗读、讨论、交流。）

教师：“生命像一棵小树”这一部分和作者描写“一江春水的生命历程”有什么异同？

学生：与前一段有所不同的是，从“破壳而出”到“长到最茂盛的中年”，再到“他消融了，归化了”，这几个连续的阶段，勾画着或喻示着人的生命历程，与人的生命历程一一对应。

学生：“一江春水”是比喻人的生命历程中所遇到的不同状况，不分先后阶段。

学生：这段文字在情感的表达和上文是一致的。“他也许爱着大树的荫遮，也许爱着大树的覆盖，而他春天生长的力量，终使他穿枝拂叶地挣脱了出来，在烈日下抬头挺立！”从这些语句可以感受到生命力量的冲动和奋进。

学生：文中“快乐”“吟唱”“跳舞”“宁静和怡悦”也是表现了快乐、平静的心情。

学生：这一段也阐述了生命是一个快乐而痛苦的过程，不可能只有一帆风顺，也有千沟万壑。

教师：是啊，生命虽然短暂，但是多姿多彩。有云淡风轻，也有阴霾蔽日；有温馨浪漫的欢乐，也有刻骨铭心的苦痛……冰心老人认识生命像东流的一江春水；像一棵小树，那么你认为生命像什么呢？请用一个比喻句诠释你对生命的理解。

学生：生命是一粒种子，坚强的萌发，倔强的生长；生命是一场春雨，出来就蓬勃，悄悄地滋润万物。

学生：生命是一首快乐的歌谣，清新是它的主旋律。

学生：生命是一本厚厚的大书，丰富而有内涵。

学生：生命是远航的船，会有风平浪静，也会有滔天巨浪。

学生：生命是一张白纸，靠我们用双手去涂抹斑斓的图画。

……

教师的每一问都引出了多位学生不同的回答。欣赏文学作品是没有标准答案的，正如人们所说："一千个读者就有一千个哈姆雷特。"恰恰因为有不同，使得每一个发言都有意义，学生可以从中相互启发，产生新的认识，使自己的理解更加深刻、丰满。

【案例】"对着干原理"①

化学课中在复习到勒沙特列原理时，有位化学学得不太好的学生说："什么勒沙特列原理啊，不就是对着干原理吗？"教师听到后立即说："××同学，请你解释一下怎么对着干啊？"结果××同学从升温角度谈如何"对着干"，其他同学再从浓度、压强角度给予补充，大大活跃了课堂的气氛。最后教师总结说："××同学用通俗的语言把勒沙特列叫作'对着干原理'，这样大家就容易记住它了，今后我们只要一提到勒沙特列原理，就不要忘了内容就是对着干，但不是一干到底，即要注意'改变、减弱、不消除'等要点。"

与科学用语相比，学生的语言往往更生动，也更贴近同龄学生的认知水平。案例中这位教师没有因为说话的学生平时化学成绩不太好就压制他的声音，而是就学生"调侃"性的说法，引导学生认识其中的合理成分。事实上，学生的"调皮捣蛋"中往往包含着聪明智慧，抓住学生资源加以利用，是教师教学智慧的体现。学生年龄相近，有更多的共同语言，因此学生的语言更容易被同学理解，更何况是这种"平淡生活"中的意外，学生很可能会记一辈子。这里，如果教师对勒沙特列原理有更深刻的理解，那么在总结时可能会指出自然规律中蕴含的守恒思想、和谐之美，对学生的影响将远大于记住一个勒沙特列原理。

---

① 陈惠英. 课堂中的学生资源. 北京：中国轻工业出版社，2006：18～19

(二)加强科学探究实践

【案例】探究影响电磁铁磁性强弱的因素[①]

……

教师：你们认为电磁铁的磁性强弱可能和哪些因素有关呢？

学生：可能与漆包线绕的圈数有关。

教师：圈数在本节课研究中称为电磁铁线圈的匝数(板书)。

学生：可能和电流的大小有关。

学生：可能和铁钉的粗细有关。

(教师反思：学生提出这一观点，应该给学生提供相应的器材，让学生进行简单的探究。而且，教师本人也认为应该有关。但在网上并未查到相关的信息。考虑到时间的问题，实验并没有探究。)

学生：可能和铁钉的电阻有关。

教师：同学们仔细观察，在制作电磁铁时是将铁钉接入电路中吗？

学生：不是，是将漆包线接入电路中。

教师：既然铁钉不属于电路的一部分，所以它的电阻对电路也就不会造成影响。同学们大胆猜想的精神还是值得肯定的。物理学就是在不断地提出问题和不断地解决问题的过程中发展的。

教师：我们猜想了很多与电磁铁磁性强弱可能有关的因素，但本节课由于时间和实验条件的限制，我们仅来研究两个因素对电磁铁磁性强弱的影响，即线圈匝数的多少和电流的大小。

上述案例中，教师反思：教师以时间为由，只研究教科书上给出的影响电磁铁磁性强弱的两个猜想，不是很恰当。为了修正学生脑中错误的前概念，最好的方法就是建立认知冲突，让学生自己发现原有概念的错误后修正。而对于实验的猜想而言，最好的认知冲突就是见到实验结果与猜想的不一致，让学生达到修正的目的。学生提出的“电磁铁的磁性强弱可能和铁钉的粗细有关”，教师并不能用理论说明它是无关因素，说明教师对这一点也存在质疑。教师明知道结论但还是存有疑问，那说明这样的前概念更不容易被纠正，对于这种猜想的验证往往更有价值。

探究教学是新课程倡导的一种教学方式，广大教师给予高度重视，进行了大量积极的探索。案例中这位教师鼓励学生大胆提出自己的各种猜想，给了学生思考和表达自己想法的机会，这本身是非常好的，但也由此遇到挑战：课时不够用，是否应该优先完成与科学结论一致的探究？学生的猜想教师也不知道结论，还敢让学生

---

① 卢慕稚，张友金，闫立新．中学物理教师学科专业素养与课堂教学实践．北京：首都师范大学出版社，2013：74～85(执教教师：北京市延庆县旧县中学张军)

探究吗？

求知与探究是人的天性，让学生用符合他们天性的认知方式去学习，是教育工作者必须做出的选择，至少是要为这种学习提供一定的空间。因此，开展探究教学实际上首先体现了教育的以人为本。其次，教育应该是为了人的发展与人终生的生活质量。第一，学生今天在学校求学，学校教育有责任帮助学生发展适应未来社会要求的能力。众所周知，未来社会需要人面对知识的快速更新，需要劳动者创造性地解决问题，而学生在学校中的探究实践有利于帮助学生建立面对新知识、新问题的自信，有利于培养学生创造性地解决问题的能力。为了学生将来更好地工作生活，应该让学生在学校中学习科学探究、理解科学探究。第二，教育还有责任为学生未来的精神生活做准备，探究教学有利于保持学生的求知欲，培养他们追求真、善、美的态度与能力。说到底，人的最本质的特征是有一个能独立思考的大脑。

基于上述认识，我们不能把探究教学简单地理解为让学生动起来，探究更需要学生动脑思考，而且不是一般性地想一想。科学探究的核心精神或者说探究教学的本质特征应该是对问题的理性的批判性思考。教师要引导学生不畏权威，敢于怀疑，用开放的态度看待现有的知识，有根据、有逻辑地审视已有的理论，不断地扩展自己的认识，提高认识的水平。

【案例】校长听课后的探究与思考①

讲一个我在学校里担任校长期间亲历的教学故事。

9 月 29 日那天，去听一节语文课，教师讲郁达夫的《故都的秋》。课文中有这样一段内容：

“北国的槐树，也是一种能使人联想起秋来的点缀。像花而又不是花的那一种落蕊，早晨起来，会铺得满地。脚踏上去，声音也没有，气味也没有，只能感出一点点极微细、极柔软的触觉。扫街的在树影下一阵扫后，灰土上留下来的一条条扫帚的丝纹，看起来既觉得细腻，又觉得清闲，潜意识下还觉得有点儿落寞，古人所说的梧桐一叶而天下知秋的遥想，大约也就在这些深沉的地方。”

这段话，教师讲了整整一节课。

教师先引导大家分析这段文字中四句话的几种层次关系，然后赏析了作者从听觉、嗅觉、触觉、视觉等方面进行的多角度描述，揭示作者当时的心境，并由此联想到黛玉葬花时的心境，进行比较学习。教师进而又让学生针对一年四季的生命历程以及人的感受，反过来体会作者当时的心境。

课堂的氛围是很活跃的，学生们踊跃发言，对话也相当精彩。但教师在讲课中对“落蕊”一词是这样解释的：“槐树秋天的花瓣。”整个教学也是以此为基点展开的。这引发了我的一些思考：

---

① 常生龙．一次始于槐花的深究．上海教育，2012(10B)：59

第一，槐树有几种？

第二，槐树几月份开花？

第三，在北京，带有一点凄凉的秋，应该在什么月份？

第四，《故都的秋》所在的教学单元的主题是什么？

……

槐树有两种，一种是洋槐，也叫刺槐，每年4、5月份开花；另一种是国槐，每年6至8月份开花。北京一年中最美好的季节应该就是秋天了。在北京，带有一点凄凉韵味的秋天，应该在11月份及其以后的一段时间。这个时候，槐树不仅没有槐花，连树叶也基本都掉光了，只有干干的槐豆荚还挂在树梢上。我认为，郁达夫这段话整个都是联想与想象，想到了槐树、想到了槐花飘落的景象。《故都的秋》为课本中"联想与想象"单元的第一课，不正说明这一点吗？

如果是这样，那么教师课堂里的一些解释就出现了问题。首先，花蕊不是在深秋季节飘落，无法将"落寞"的心情和季节对应起来；其次，将联想与想象变成了写实性的描述……

将自己的这些想法和教师们进行交流，教师们觉得不太能接受。正好，有两个教师国庆节要到北京去旅游，当时就和他们开了玩笑，到北京去别忘了拍摄几张北国的槐花回来。

教师从北京回来，自然没有带回槐花的照片。但我感受到了一点变化，大家对文本的研读热情更加高涨了。

第二年的"五一"期间，我应邀到山东讲学，接待方非常热情，邀请我去爬泰山。到了中天门的时候，我被眼前整片的槐树林吸引住了。漫山遍野的刺槐花扑面而来，让我非常兴奋，在那里拍了很多照片。

回来之后，我将这些照片拷贝了一份，送给语文组的教师。一位教师看了照片之后惊叹地说："啊，这就是槐花啊？"这引起了我的警觉，每个教师的办公桌上都有电脑，只要一点击就可以上网，但有关《故都的秋》这节课所涉及的槐花问题的讨论，显然并没有深入。

于是我自己上网去查阅，进去之后发现全国各地的语文教师有关《故都的秋》的教学设计和教案非常多，而且基本上都将郁达夫的上述这段话作为一节课的内容来讲述。在不少语文教师的教案中，已经将"落蕊"改成了"秋蕊"，让槐树在深秋季节开花了。看来，这不是哪个学校教师的问题，是一个共性的问题啊。

今天的教师，备课的方式和以前有了很大的不同。准备一节课的时候，只要在网络上搜索一下，各种教学设计和详细的教案就都有了，这固然给自己带来了很大的便利，但也有一个不可忽视的缺点，就是缺少独立的思考，会被别人的思路牵着走。如果他人在这方面存在理解上的偏差，这种偏差就会因此而被放大。

看上去非常熟悉的文本，如果仔细研究，依然是可以发现很多问题的。比如，郁达夫所说的槐树，究竟是刺槐还是国槐，就很少有教师对此进行考证。当我告诉教师《故都的秋》里所描述的是国槐花时，教师们还有点不敢相信。其实，刺槐和国槐开花有很大的不同，国槐的花像一粒粒的小米，正是郁达夫描述的“像花而又不是花的那一种落蕊”。北京地区所生长的槐树，确实也是以国槐为多。

教学在某种程度上就像探宝一样，是一个不断发现、不断带来惊喜的旅程。在深入钻研课文的过程中，有了新的发现；在与学生共同学习的过程中，有了新的感悟……教师自己正是在这其中成长起来的。教师一定要加强学习，不断拓展自己的知识视野，不断丰富自己的实践经历，培育独立思考的意识和能力，以便在这个快速变化的世界里站稳讲台。

看来，不仅是科学领域需要有探究精神，教师解决教学问题也需要有探究精神。事实上，人类社会的许多问题，只要是需要我们用科学的态度去对待它，就要实事求是，用证据说话。这正是我们提倡探究教学的意义所在。

(三)搭建学习“脚手架”

学习仿佛登山。山，有时是缓坡，有时会异常陡峭；对于不同的登山者，由于个人身体素质不同，需要的台阶也不同。教师的责任相应地来说就应该是为有不同需求的学生铺路、架桥，修不同梯度的台阶，使不同的登山者能够到达山顶，又不失攀登的乐趣。

1. 沿着思维逻辑为学生搭设认知的台阶

好的教学首先一定是符合思维逻辑的。这取决于课堂的主导者——教师。如果教师抛出的问题、讲授的话语东一榔头西一棒槌，学生自然会一头雾水、晕头转向，听不懂、学不会。因此，教师在进行教学设计时首先应该思考教学逻辑问题，在正确认识学科知识逻辑、理解学生认知逻辑两条基本线索的基础上，选择制定自己的教学逻辑链。

【案例】采用一组具有递推关系的问题引导学生思维的发展①

这堂课教师提出的三个问题如下。

问题1：平面内有 n 条直线，其中任何两条都不平行，任何三条都不过同一点，n 条直线交点个数 $f(n)$ 与 n 是什么关系(即平面内有 n 条直线最多可以有多少个交点)？

问题2：平面内有 n 条直线，其中任何两条都不平行，任何三条都不过同一点，n 条直线分割平面所得的区域数 $f(n)$ 与 n 是什么关系(即平面内有 n 条直线最多可以把平面分成多少个部分)？

---

① 周新桂，费利益．探究教学操作全手册．南京：凤凰出版传媒集团，江苏教育出版社，2010：318～320(执教教师：四川省珙县第一高级中学彭绍华)

问题3：空间有n个平面，其中任何两个平面都不平行，任意三个平面都不过同一直线，任意四个平面都不过同一点，n个平面分空间所得的部分数$f(n)$与n是什么关系(即n个平面最多可以把空间分成多少个部分)？

(当学生逐一解决了这三个问题后……)

教师：如果没有前面两个问题做基础，直接研究问题3就显得难以下手。请同学们总结一下。

学生1：上述三个问题的解决有一个共同点，就是探寻递推关系，进而寻到规律，即找到通项。

学生2：上述三个问题的解决令人的思维随着从特殊到一般，从平面到空间，从有限到无限，从低维到高维，不断深入，不断拓宽，尽最大可能的想象，增强思维的逻辑性，发展思维的广阔性。这就是解决数学问题最常用、最有效的方法。

学生3：我们在解决一般性的数学问题时，不妨先回到起点，回到最原始最特殊的情况，往往能有所收获。同时也体现了化归的数学思想。

教师：数学知识似乎是死板的，数学思维活动却充满生命力。数学是有条理的严谨的一门科学，孤立地看待某一个问题，是多么的暗淡、索然无味，而对于上述这种具有某种一致性的问题，我们细细研究，仔细品味，给我们的感受是愉快的、美妙的。在层次不断递进、深入的过程中，我们的思维从朦胧、混乱发展到清晰明了，令我们能够捕捉闪烁的光芒，探知深藏的奥秘，真是意味深长。

从师生对这节课的总结，特别是三位学生谈到的收获可以看出，教师为这节课设计的三个问题非常成功，学生按照这样一个链条思考、解决问题，不仅能获得知识，而且使思维得到训练，并在潜移默化中接受了数学思想方法的熏陶，学生分析问题、解决问题的能力就在这四十分钟的课堂活动中得到了有效的发展。

2. 基于学生的经验

使用“脚手架”策略的关键是找到学生原有认识中可以利用的基础，然后进行恰当的铺垫。

一次北京与上海的初中物理教师举行同课异构的教学交流活动，课题是《力》。北京的教师在自己学校试讲的时候，让学生举例说明“力能够改变物体的形状”。有学生举例说：“妈妈揉面，压力作用在面团上，面团的形状会发生改变。”教师觉得非常生动，到上海上课时就用了这个例子，可学生没有什么反应，似乎没听懂。坐在后边听课的当地教师悄声交流：“上海人家很少吃面食，孩子们恐怕没见过‘揉面’，要说‘拉面’恐怕还行。”也就是说，不同的地域、不同的生活环境，学生的认知经验可能是不同的，在其他地方、对其他学生成功的教学经验对自己的学生不一定有效，前几年很好的教学案例对于新一届的学生也可能不合适了。因此，教师需要不断更新自己对当前学生认知经验的认识。

心理学研究表明，初中学生正处于从形象思维到抽象思维发展的过渡期，仍需要借助形象思维学习新知，同时辅助、促进抽象思维的发展；有经验的教师都知道，学生的认知困难多是由于缺乏感性认识或感性认识片面造成的。例如，亚里士多德的落体理论就是典型的由不正确的感性认识造成的，却影响了数千年。即便是今天，有的学生一开始讲到落体运动时，也认为亚里士多德的观点是正确的，甚至屡次犯同样的错误。又如，在学习摩擦力的时候，对于水平地面上匀速行驶的小车上的木块不受摩擦力作用，学生怎么也不能接受，因为他总是受对人坐车时的感性认识的影响，认为车上的人和物只有在摩擦力的作用下才能前进。所以，一些不正确的感性认识容易导致亚里士多德式的错误，而且难以纠正，不知不觉中就产生了错误。教师要细心分析和总结，找出经常出现这类错误的知识点，特别是那些“大众化”的错误认识，给予细致分析，设计出合理的教学方案，破除疑惑，揭示科学规律。

(四)图示策略促进理解

直观性原则历来是教学的基本原则。在教学过程中运用示意图、思维导图、概念图等直观、形象的语言表达思维的过程与结果，已成为一种有效的教学策略。

【案例】化学课：物质是由微粒构成的——画水①

一、教学设计中的课前思考

1. 教学内容分析

分子、原子对于我们来说是另一个世界——微观世界，对微粒的认识要借助学生的想象力和利用模型将其宏观化，所以本节课以宏观物质“水”的无限分割，调动学生的抽象思维能力，以模型建构为主线，采用探究为主的教学方式，让学生体验观察发现问题—提出假设—论证或验证假设，通过问题的不断深化，自我修正对分子认识的偏差，逐步形成对分子完整、正确的认识，学会用微粒的观点看待物质的组成和结构，解释物质的性质和变化。

2. 学生情况分析

我的教学对象是北京郊区的农村学生。开学之初我做过访谈，对他们来说，第一次明确物质这个词是在小学科学课上，那时候水、空气和岩石都是物质。直到初三学化学，他们才明白原来水和空气是不一样的，水是一种物质，而空气里有多种物质，这是他们的物质基础。

从物理课上学习了有关分子的知识，如分子在不停地做无规则运动、分子之间存在相互作用力，但对他们来说，分子和物质之间的关联并没有建立，分子是不停做无规则运动的小球，对实际分子的模型没有认识。

---

① 黄燕宁，赵瑞玲，冯英慧．中学化学教师学科专业素养与课堂教学实践．北京：首都师范大学出版社，2013：100～106(执教教师：北京顺义天竺中学王建)

3. 教学设计基本思路

教学目标设计：

(1)以具体事实为情境，通过小组讨论，确立物质由微粒构成的观点。

(2)从所给资料和回忆已有知识归纳、整理、总结分子的性质，初步建立微观模型。再通过对演示实验的观察、分析与思考，应用微观模型解释实验现象。

(3)通过练习，能够应用所学知识，从分子角度解释某些宏观现象，说明混合物、纯净物等概念。

(4)通过小组相互评价，促进学生对概念的理解，促进学生与人交往的能力。

重要教学环节设计：

本节课围绕水这一学生熟悉的物质，使各种素材巧妙地联系在一起，通过画出不同阶段的对水的不同认识，沿着宏观→微观→微粒→具体分子的主线，充分调动学生的想象力，促进学生主动的观念建构，使微粒构成物质的基本观念逐渐清晰。

二、课堂实录

教师：祖国的大好河山被画家和摄影师们描绘成美丽的山水画，有山的映衬，水更柔美；有水的陪伴，山更显隽秀。今天这节课我们也来画一画水。

教师：我这里有一杯水，现在请你把这杯水画在你的学案上。

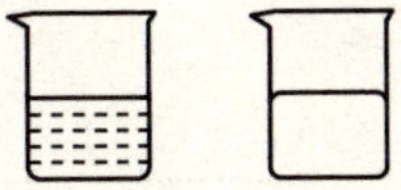

图 2-3　学生第一次画的“水”作品

(学生画水，学生作品大多如图 2-3 所示。)

教师：(展示学生作品)大家基本上都是这样画的，现在我将这杯水倒出一半留下一半，再倒出一半留下一半，一直这样分下去，当还有一滴时，还能再分吗？

学生：能分。

教师：如果继续分下去，结果会如何？

学生：肉眼看不见了。

教师：会不会没有了？在什么情况下可以看到？

学生：不会没有，在显微镜下可以看到。

教师：真是这样的吗？(视频：隧道扫描显微镜下的水分子。)物质是由很小的微粒构成的，科学家们就在隧道扫描显微镜下看到了水分子。水分子非常小，1 个水分子的质量：3×10^{-26} kg，一滴水含有 15 万亿亿个水分子。计算 13 亿中国人以每人每分钟 100 个分子的速度数，一滴水中含有的分子要数多少年(2 万年)？可见分子非常非常小。事实证明物质确实是由很小的微粒构成的，分子是构成物质的一种基本的粒子。我们知道的物质如氧气由氧分子构成，二氧化碳由二氧化碳分子构成，酒精由酒精分子构成。

教师：如果我们用一个小球来表示水分子，根据你刚刚学习的知识和看到的水分子的视频，再来画这杯水，你又会怎么画呢？

（学生第二次画水，如图 2-4 所示。）

图 2-4　学生第二次画的“水”作品

教师：这是几位同学的作品，大家看这些图有什么区别呢？

（学生讨论。）

学生 1：一个图用圈来表示，一个用不是特别密的点表示水分子；一个平面特别平，一个平面是弯曲的。

学生 2：左边排列是有序的，右边排列是混乱的、无序的。

教师：三幅图给我的感觉是什么呢？左图是一些紧密排列的水分子，烧杯的下半部分有水，上半部分没有水分子；右图的水分子之间有空隙，仍然下半部分有水，而上半部分没有水分子。那么，烧杯的上半部分有水分子吗？（从学生的图形引出分子的运动特征。）

学生：有。

教师：为什么？

学生：水能蒸发。

教师：水是由水分子构成的，水蒸发过程的实质是什么？

学生：是水分子不断向外运动的过程。

教师：分子是在运动吗？你能用一些事例或实验证明分子在运动吗？我先为大家演示一个实验，大家认真观察，看是否可以证明分子运动。（演示实验：品红在冷、热水中的扩散。）

教师：品红分子在热水中运动比较快，在冷水中运动比较慢，这个实验可以说明什么？

学生：分子在不断运动，温度越高，分子运动速度越快。

（教师提示学生做笔记。）

教师：再看看同学们画的画，那么分子之间是紧密排列的还是有空隙的？

（结合学生作品，引出微粒有空隙的特征。）

学生：有空隙的。

教师：那你有什么实例可以证明你的说法吗？（等待一会儿，学生没有思路，教师演示实验）我这里有一个注射器，我把它的一端堵住，空气的体积确定了，我现在压缩它，体积减小了，这个实验能够说明气体分子间存在空隙吗？

学生：能。（教师追问为什么）气体分子间存在空隙，当用力压缩它时，气体分子间的空隙减小，使得气体体积减小。

教师：气体分子间有空隙，我们很好理解，那水分子之间也有空隙吗？（演示实验：酒精与水混合）这个实验可以说明什么？

学生：分子之间有空隙（学生说得不那么自信）。

教师：正是因为分子之间有空隙，当两种物质混合时，分子间空隙被充分挤占，使总体积缩小。（将酒精和水的混合溶液倒入烧杯中）你能画出这杯酒精和水的混合溶液吗（指导学生用微观粒子描述混合物）？

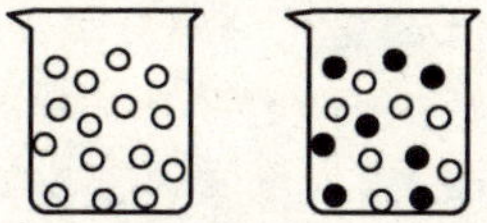

图 2-5　学生画的“酒精溶液”

（学生画酒精溶液，大致有两种画法，如图 2-5 所示。）

教师：下面我们一起分析一下哪种画法更有道理。

学生：第二个同学画得有道理，酒精分子和水分子是不一样的，应该有区分。

教师：对，不同物质的分子确实是长得（结构）不同，通过隧道扫描显微镜可以获得不同分子的图像（展示苯分子的图像），我们可以根据获得的信息制作各种分子的模型（展示 3D 分子模型）——苯分子、甲烷分子、氨分子、酒精、水分子等分子模型。

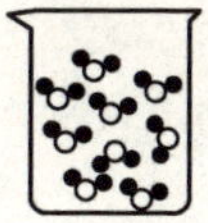

图 2-6　学生第三次画的“水”作品

教师：根据水分子的模型，现在再画这杯水，你会怎么画呢？

（学生第三次画水，如图 2-6 所示。）

教师：同学们画得都非常好，就是在烧杯中画一些这样的水分子（展示图片，如图 2-7 所示）。这是同学们画的水和酒精溶液，请问水中有几种分子？

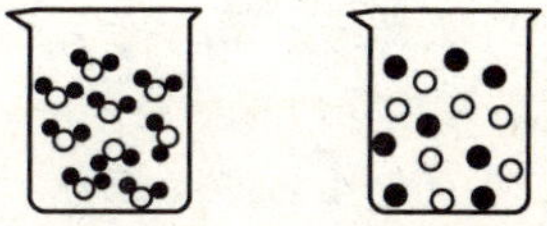

图 2-7　学生画的“水”和“酒精溶液”

学生：（讨论）一种、两种……

教师：每种分子都是，水中只有一种分子。酒精溶液中有几种分子？

学生：两种。

教师：水是纯净物只含一种分子，酒精溶液是混合物含有两种分子。氧气中有几种分子？

学生：一种，是氧分子。

教师：空气中呢？

学生：多种分子。

教师：对于由分子构成的物质，纯净物由一种分子构成，混合物由多种分子构成（用微粒的观点再认识混合物和纯净物）。

教师：（引出新的话题）还回到对分水的话题，烧杯中还有一个水分子，能不能再分了呢？

学生：（争论）不能分了，再分就不是水了；可以分。

教师：大家不要争，我们来一起研究一下水的变化(展示水蒸发图片，并拿起装满水分子模型的烧杯)。我这里有一烧杯的水，假设我现在给它加热，你能演示水发生的变化吗？

(学生演示：分子剧烈运动，向上运动，运动到空气中。)

教师：(落实结论)水蒸发，水分子不断从烧杯进入空气中，分子本身不变，分子间的距离变大；这就是物理变化的本质。你能画出水从液态变成气态这个过程吗？

(学生第四次画水，如图 2-8 所示。)

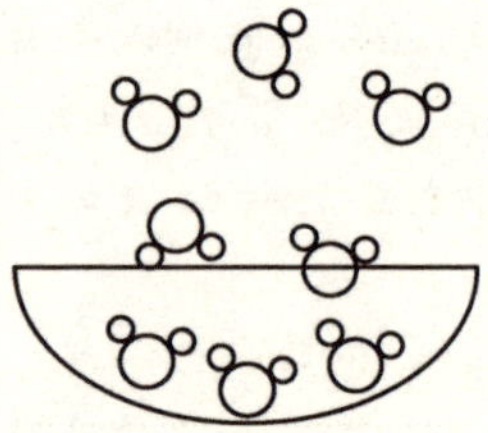

图 2-8 学生第四次画的“水”作品——水的物理变化的微观示意图

教师：(补充问题)还是这杯水，假设我有两个电极，给这杯水通电，它又会发生什么变化呢？你能来演示吗？

学生：(讨论，演示)水通电后，负极的气体是氢气，氢元素和氧元素应该是分开的(将氢原子和氧原子分开)。

教师：(提示)氢气由氢气分子构成，1 个氢气分子由 2 个氢原子构成的；氧气由氧气分子构成，1 个氧气分子由 2 个氧原子构成。

教师：(强化问题)水分子本身变不变？

学生：变化，水分子被拆开，变成了氢分子和氧分子。

教师：(落实结论)这就是化学变化的本质，水通电时，水分子被拆成更小的微粒(氢原子、氧原子)进而组合成氢分子、氧分子，水分子本身发生了变化。请你画出水电解的微观过程。

(学生第五次画水，如图 2-9 所示。)

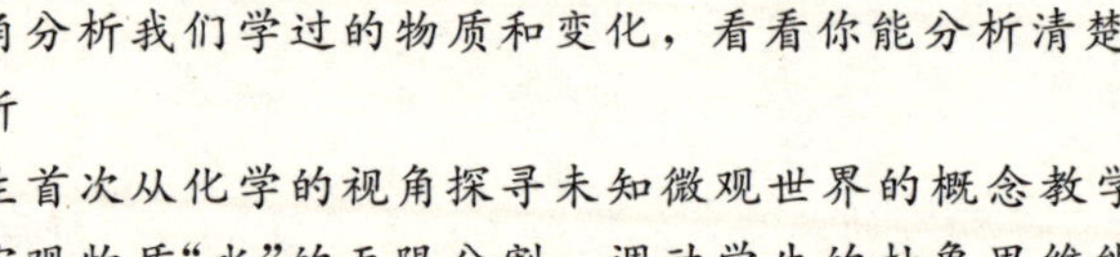

图 2-9 学生第五次画的“水”作品——水电解的微观示意图

教师：今天我们从微观视角理解了水的构成、水的物理变化和化学变化，下课后请你从微观视角分析我们学过的物质和变化，看看你能分析清楚吗？

三、案例评析

这节课是学生首次从化学的视角探寻未知微观世界的概念教学课，教与学难度很大。本节课以宏观物质“水”的无限分割，调动学生的抽象思维能力，以模型建构为主线，采用探究为主的教学方式，让学生体验通过画宏观水—微粒水—分子水—水的物理变化及化学变化等一系列活动，通过问题的不断深化，自我修正对分子认识的偏差，逐步形成对分子完整、正确的认识，学会用微粒的观点看待物质的组成和结构，解释物质的性质和变化。通过这样的处理，将图示、模型的思想传递给了学生，充分调动了学生的想象力，促进了学生的主动、意义建构，使微粒构成物质的基本观念逐渐清晰，准确地留在了学生的认识中。

本节课有以下几个特点。

1. 突出化学学科的特点，教出化学味

在学习本节课之前，学生早已通过物理学中有关分子运动论的教学，认识了分子的基本性质，但学生并不会对常见物理现象从分子的角度去分析，这正是因为物理学教学中，学生并没有建立微粒与物质间的关系。本课教师对这一点的分析很到位，从而抓住化学研究物质的性质、变化时，一定要从组成和结构出发。课堂上，通过学生对水与酒精混合后所得溶液的勾画，顺利地使学生建立起物质与分子的一一对应关系，使水分子模型的出现不突然，水所发生的一切变化都是水分子在演戏，对一系列的宏观现象从微观的角度的解释都顺理成章，有水到渠成的感觉。这样的教学有助于学生将宏观与微观相结合，体现化学学科的思维特点。

2. 有机整合资源，用教材教

新课程背景下的教学资源非常丰富，而教材是众多资源中最重要的一部分。能不能有效地整合这些资源，是教师面临的最大挑战。一位有经验的教师一定会教教材，因为考试以教材为依托，教好教材，学生扎实的基础知识和基本技能才能在卷面上体现。而一位聪明的教师，绝不只教教材，有效地整合教学资源，是教师驾驭教材和课堂能力的体现。本课教学中教材里的素材一个都不少，但又不仅仅是教教材，将能作为有力证据的素材——视频等融入本节课，并适当调整了教材中素材的使用顺序，使整节课听起来浑然一体。

3. 关注学生发展，培养学生科学探究能力

科学探究是新课程改革的突破口，培养和发展学生的科学探究能力是科学课程必须承担的责任。本课教师通过不断质疑、猜想、验证等活动发展学生对分子的认识，探究过程虽没写上黑板，但学生一直在经历，有效地培养了学生的问题意识，培养了学生的科学探究能力。

4. 明暗两条线，促进学生认知发展

本课教学线索分明暗两条线。一条明线——画水，贯穿整节课。在这条明线之下，我们通过学生所画的水看到学生的思维发展——这是暗线。对水的认识从一个宏观连续的整体，发展到由一些很小的颗粒堆砌而成，进而发展到水分子不同于其他物质的分子，有特定的结构，再到利用水的结构认识物质的变化。这正是本节课设计的高明之处，用明线的外在的学生活动体现了暗线内隐的认识发展。

【案例】地理《地表形态的塑造》复习课①

一、导入

教师：上课前我想请同学们先看几张图片。

（教师课件展示荒凉的戈壁及电影《夺命深渊》中的地穴等地貌景观图片，学生看图。）

教师：看了这些优美的图片，有没有同学想到今天我们要讲的是什么内容？

学生：地表形态的塑造。

二、学生绘图

教师：没错，这就是我们这节课要复习的内容。现在请同学们拿出一张空白的纸，在中心写上“地表形态的塑造”这几个字，然后进行头脑风暴，用我们学过的绘制思维导图的方法，发挥你的想象和联想，画出关于这个主题你能回忆起的内容，时间是4分钟。

（学生绘图，某学生思维导图如图2-10所示。）

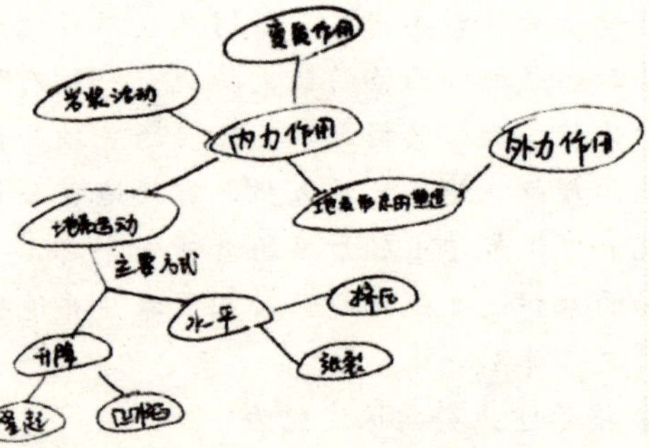

图2-10　某学生在课程开始时绘制的思维导图

三、教师制图并讲解

教师：好，同学们都画完了，很多同学都画得很不错，有的同学思路很清晰，看来大家对这一章的知识还是有一定记忆的。现在老师也来画这幅图，你们看看老师是怎么画的，我们一边画一边复习这一章的内容。

教师：首先我们来看看这个主题的关键词——地表形态的塑造，同学们想想我们要从几个大的方面来学习地表形态的塑造呢？

学生：……

教师：有同学说到了地表形态的力量，没错，我们学习地表形态首先要看看是什么力量营造了地表形态。这样我们就得出了这个主题下的第一个主要分支：塑造地表形态的力量（教师用PPT展示第一个主干）。那么塑造地表形态的都有哪些力量呢？

学生：内力作用和外力作用。

① 傅声晔．思维导图在高中地理复习课中的应用研究．[学位论文]．北京：首都师范大学，2012

教师：很好，接下来我们需要继续思考内力作用和外力作用分别塑造了哪些不同的地表形态。我把它们分别列为第二个和第三个主要分支(教师用 PPT 展示第二个、第三个主干)。除此之外，我们还需要知道什么？

学生：河流对聚落分布的影响。

教师：没错，我们可以把这个归类到地表形态对人类生活的影响，这样就得到了我们的第四个主要分支。

(教师一边引导学生，一边用 PPT 逐一展开四个主要分支，如图 2-11 所示。)

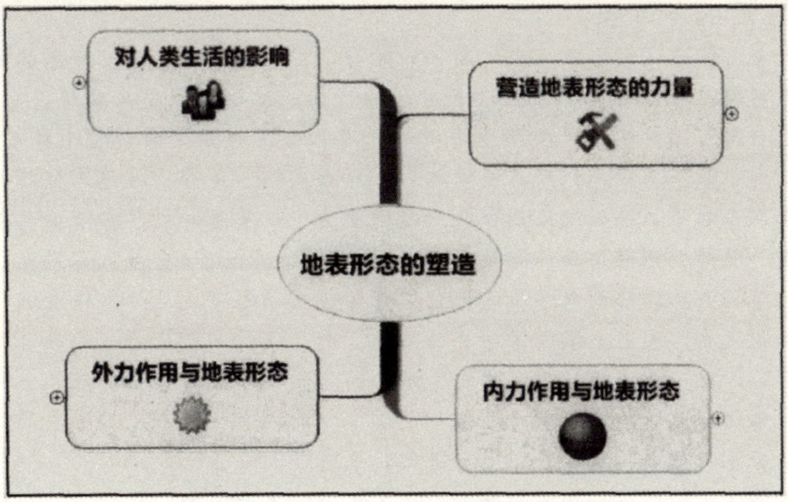

图 2-11　“地表形态的塑造”的主要分支

教师：那么，这些主干又会产生哪些分支呢？我们逐一来把它们展开。

(教师一边讲一边用课件展开……最后得出本章的思维导图。板书呈现的“地表形态的塑造”思维导图如图 2-12 所示。)

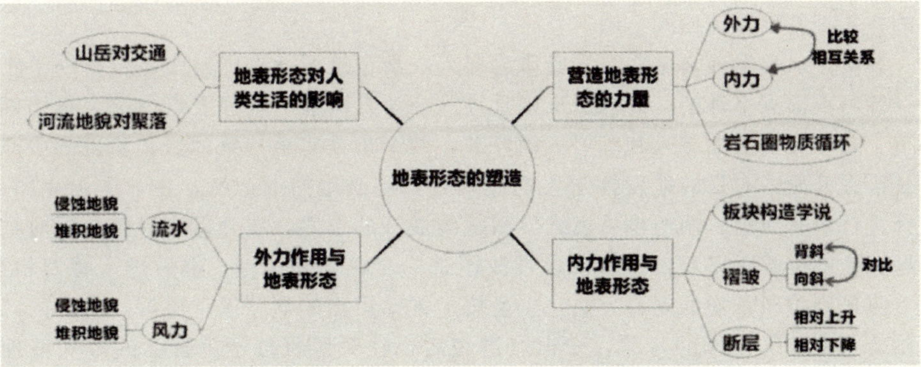

图 2-12　板书呈现的“地表形态的塑造”思维导图

四、学生改图

教师：刚才我们一步步把这一章分为哪几大块内容，每块内容又包含了哪些知识都整理成一幅思维导图，现在请同学们把刚才画的图重新补充完整，不方便补充的可以重新画，时间是5分钟。大家先凭自己对这节课的记忆，尽量用自己的方式重构导图，当然如果你觉得有比导图更适合你的方式也可以使用，没有硬性规定。画的时候要想，以后我凭着这张图就能把这一章的知识回忆起来，以此来决定你要在上面写什么、画什么。

（学生改图，内容略。）

执教教师指出，本班学生经过高一的学习，对本章内容已经有一定的掌握，但学生总是习惯机械性地记忆，经过长时间的遗忘，这些知识支离破碎，十分零散，所以在进行复习的时候，执教教师希望通过思维导图的方式帮助学生梳理知识点，使学生形成本章节基础知识的系统结构，并结合实例、图片、练习，帮助学生把理论与实际联系起来，并训练他们分析问题的能力。本节课的教学环节主要有导入→学生绘图→教师制图并讲解→学生改图→练习巩固五个环节。导入课题后，通过学生绘图环节的头脑风暴刺激学生的记忆，让学生主动思考，这样不仅有利于学生自主构建知识体系，同时也激发了学生的兴趣。由于这是实验班第一次结合思维导图进行复习，对思维导图的使用还比较生疏，因此学生绘图环节后由教师进行演示和讲解。教师讲解完以后，学生对思维导图和本章的内容已经有了进一步的认识，这时候再让他们重构一幅思维导图进行巩固，最后进入练习检测。

该教师为了检验这一教学策略的效果，还做了实验研究，实验班与对照班教学活动对比分析如下。

首先，从教学内容来看，实验班和对照班的讲授知识点、习题等是基本一致的，不同之处在于这两个班教学内容呈现的方式不一样，实验班是在通过思维导图一级一级梳理脉络的同时沟通知识间的横纵联系，而对照班则是按照常规的逐条复习的方式把基础知识回顾一遍。

其次，从教学环节来看，实验班为导入→学生绘图→教师制图并讲解→学生改图→练习巩固五个环节，而对照班则是导入→学案讲解→整理要点→练习巩固四个环节。其中在前后的导入和练习巩固环节，两个班是完全一致的。实验班的中间环节从绘图开始，有目的地发挥学生的主动性，刺激他们的记忆，在学生画完图后，教师进行讲解演示，用的也是思维导图逐级展开的形式，展开思维导图的同时结合习题，教师讲解完以后再让学生通过改图进一步巩固和梳理，最后进入练习检测。而对照班则按照常规的复习方法，先是按学案知识点的顺序逐一讲解，讲解的同时也结合与实验班一样的习题，知识点讲完后也让对照班按学生自己的方式整理要点，一方面有助于学生复习巩固，另一方面便于比较两个班学生的认知结构，最后同样进入练习检测。

从课堂表现来看，实验班的学生比对照班的学生更为活跃，且主动性较高。实验班学生所绘思维导图与对照班学生整理的要点相比，结构更加清晰，很好地体现了本章的知识结构与学生构建知识体系的过程。

三、体现教学的生成性

对于过于严守自己的教学设计的课堂，叶澜教授有过一段精彩的描述："上课是执行教案的过程，教师的教和学生的学在课堂上最理想的进程是完成教案，而不是'节外生枝'。教师期待的是学生按教案设想回答，若不，就努力引导，直到达到预定答案为止。学生在课堂上实际扮演着配合教师完成教案的角色，其中最出色、最活跃的是少数好学生。于是，我们见到这样的景象'死的'教案成了'看不见的手'，支配、牵动着'活的'教师与学生。让他们围绕着它转，课堂成了'教案剧'出演的'舞台'，教师是主角，好学生是配角中的'主角'，大多数学生只是不起眼的'群众演员'，很多情况下只是'观众'与'听众'。"①

进入课堂，三四十、四五十个活生生的生命带来大量无法预计的思维，真正的课堂教学将是师生的即兴创造，学生作为学习活动的主体，在教师精心营造的教学环境中思考、行动，而他们带给课堂的信息会瞬间反作用于教师所创设的问题情境。于是，不同的课堂就有了不同的境遇，如果教师真正以学生为主体的话，就会就着学生的思维状态调整教学计划，生成一段独一无二的教学过程。

提出"境遇性教学"的学者罗祖兵指出，当教学文本成为教师的教学律规时，教学过程就成了教学文本的传递过程，教师就成了教学文本的忠实解释者和执行者。这种情况在教学现实中并不少见。许多教师都认为自己的主要任务就是传道、授业与解惑，将书本知识转化为学生可理解的语言并将其传授给学生。书本上怎么写就怎么教，教学参考书怎么建议的就怎么教。此时，教学文本成了教学的"圣经"，教师不过是"代理人"而已。下面一个事例或许能说明问题：基础教育阶段的《中国历史》教科书第七册的第三单元是"统一国家的建立"，其中有一课是"秦王归六合"，介绍了秦王嬴政战胜其他六国，统一了中国。在这一节有一个习题，让学生思考秦始皇在中国历史上的作用。对这一习题的回答，教师教学用书中给出的参考答案是结束了割据混战的局势，开创了统一的局面，对我国以后经济、文化的发展和维护国家统一有极为重要的影响。这一习题的编排及所给出的参考答案看到了秦朝统一的积极作用，这无疑是必要的，但是对于随着秦朝统一而带来的文化毁灭的消极作用却没有重视。如何引发学生对这些方面进行思考也是非常重要的。在教学实际中，教师不会也不敢超越参考答案，这就是律规性教学思维的一种典型写照。它认

① 叶澜．"新基础教育"探索性研究报告集．上海：上海三联书店，1999：223

为，教学要注意思想性、知识性、科学性。实际上，这是一种单面的教学。如此的教学，是在教育的名义下制造着“单向度”的人。

(一)发现课堂生成的必要性

【案例】一位教师教学朱自清的《春》①

这位教师在教学设计中有探究文章语言表达效果这一环节，其中一个内容是品味讨论“小草偷偷地从土里钻出来，嫩嫩的，绿绿的”一句，这一片段如下。

教师：这个句子在结构上与一般的表达有什么不同？

学生甲：词语的位置发生了变化。

学生乙：“嫩嫩的，绿绿的”应该放在前面，修饰“小草”。

教师：同学们说得对，说明大家认真思考了。现在请大家再认真读一读，讨论一下作者为什么要将修饰“小草”的“嫩嫩的，绿绿的”放到后面，这样写有什么表达效果。

(学生阅读、交流。)

学生丙：主要起强调作用。

教师：不错。还有没有同学再补充具体一点？

学生丁：“嫩嫩的，绿绿的”放在后面更突出了“小草”的质地和色彩。

教师：很好！同学们补充得更全面了，还有没有同学进一步补充。

学生戊：我和其他同学的意见有点不同。我总觉得“嫩嫩的，绿绿的”不是修饰这一句前面的“小草”，作者在这里用这个词应该是形容其他能看得见的小草。

(课堂陷入沉默。)

教师：为什么这样说？

学生戊：因为“偷偷地从土里钻出来”的“小草”是看不见的，怎么能说是“绿绿的”呢？

学生己：老师，他说得对。我曾经观察过，小草从土里钻出来的时候不是“绿绿的”，而是嫩黄的、淡黄的。

教师：这个问题纠缠不清，我们不谈了。况且我们学习课文的任务也不是去考证。课文后面的“研讨与练习”也是这样说的。这里为了突出“小草”“嫩嫩的，绿绿的”，将修饰“小草”的词语放到了后面加以强调。同学们说是不是？

学生：是。

(学生戊、学生己露出了疑惑的表情。)

---

① 王勤．新课标下中学语文课堂教学目标设计上的误区与对策．参见 http：//www.pep.com.cn/czyw/hdzx/2007rjb/edj/201008/t20100825_739248.htm

【案例】“乘法的认识”数学教学片段①

教学内容是“乘法的认识”。教科书上有一幅彩图：一块绿茵茵的草地中间有一条小河，河上有一座小桥，草地上零星地分散着几棵小树，还有一些小白兔正在吃草，小白兔是一对一对在一起的，一共有6对。正是这6对小白兔蕴含了乘法这一教学内容。

教师将这幅彩图投射到大屏幕上，教学就从教师的提问开始了。

教师：同学们，看这幅彩图，告诉老师你们都看到了什么？

学生：我看见了大树。

学生：我看见了绿草。

学生：我看见了小河。

学生：我看见了河上的小桥。

教师：你们还看见了什么？

（教师一看学生的注意力还没有转移到小白兔上，只好用提问的方式引导学生转移注意力。）

学生：我看见了河里面的水。

教师：难道你们没看见小白兔吗？

（学生的注意力仍没有转移到小白兔上，教师看到提问的引导方式并不奏效，可能考虑到后面的教学，只好用反问的方式将学生的注意力强行转移到小白兔上，以保证教学能够按预期计划进行。）

学生：（齐）看见了。

教师：好，那你们数数，一共有多少只小白兔？

（学生开始数小白兔，不一会儿，许多学生都高高地举起了手。）

教师：小强，告诉大家一共有多少只小白兔。

小强：一共有12只小白兔。

教师：你能告诉大家你是怎么数的吗？

小强：我是一只一只地数的。

（小强的回答并不是教师所期望的回答，教师只是让小强坐下，对小强的回答没有做任何反应，而是叫起了举着手的小林。）

教师：小林，你告诉大家一共有多少只小白兔。

小林：12只。

教师：你是怎么数的呢？

小林：我也是一只一只数的。

---

① 罗新兵．新课程实施：挑战蕴含其中——对一个数学教学片段的思考．人民教育，2013(Z1)：52～53

（小林的回答也不是教师所期望的回答。同样，教师也是让小林坐下，对小林的回答也没有做任何反应。事实上，教师对小强和小林的回答没有做任何反应这件事情本身就是一种反馈——小强和小林的回答不正确，至少是存在问题的。接下来学生行为的变化正好说明了这一点，学生可能意识到小强和小林的回答存在问题，但小白兔确实是12只，一只一只的数法也没有什么问题，学生就在迷惘和困惑之间把他们高举的手都放了下来。）

教师：你们不会两只两只地数吗？

（教师注意到学生发生的变化，可能是感觉到没有学生能够回答出两只两只的数法，或者是考虑到后面的教学，又一次以反问的方式把两只两只的数法向学生和盘托出，使学生丧失了一次探索和发现的机会。）

……

作为认识乘法这一教学内容的反馈和巩固，教师又呈现了教科书上的另一幅图画：3排玫瑰花，每排5朵。

教师：同学们，你们再数数看，一共有多少朵玫瑰花？

（学生们于是抬头数起来，不一会儿，有一个叫小文的学生举起了手，老师也看到小文举起了手。）

教师：小文，你有什么问题吗？

小文：老师，两个两个没办法数。

前述朱自清《春》的教学主题是探究语言的表达效果，既然是探究，师生的发言就都要讲理——用事实、经验、逻辑推理论证自己的观点，接受他人的质疑与评判。这堂课上学生的表现很好，不同的学生有不同的观点，特别是后面发言的学生戊、学生己，还分别提供了自己观点的依据。前者是逻辑推理："因为'偷偷地从土里钻出来'的'小草'是看不见的。"后者是经验事实："我曾经观察过，小草从土里钻出来的时候不是'绿绿的'，而是嫩黄的、淡黄的。"他们朴素地实践着对一段特定语言表达其修饰关系的探究。问题出在教师身上——该教师没有探究意识，只是想借某些"好学生"之口实现灌输既定知识的目的。新课程的形式给了学生表达自己想法的机会，使我们能够更真切地感受到不了解学生、不基于学生已有认识的教学是多么苍白无力。

前述"乘法的认识"数学教学片段案例虽然是小学的课例，但是类似的问题在初中教学中也是比较普遍的。教师形式上试图启发、引导学生自己建构知识，实质上却是用"唯一正确"的知识结论做标准，束缚学生的思维，最终，知识结论还是教师强加给学生的，如果说学生在思维方法方面也有所得的话，学生学到的不是如何研究、解决问题，而是如何猜测教师期望的答案。

学生是一个个鲜活的生命体，有着自己的思想、经验、原有认识。例如，物理课教师在讲解参照物问题时讲道："平时我们说树木、房屋是静止的，行驶的汽车是运动的，这是以地面做标准来说的，水流却是以河岸为参照物的，所以在描述一个物体的运动时，选来作为参照物的另外一个物体叫作参考物。”话刚说到这，一个学生却说：“此言差矣，佛家有云：风动云动，实则心动。”[①]语文课学习《咏物短诗三首》，其中讲到鲁藜的《泥土》时教师问同学们：“如果让你在珍珠和泥土中只选择一样东西，你会选择哪样?”结果全班29人中，18人选择泥土，11人选择珍珠。这完全出乎教师的预料，而且每个学生都愿意发表自己的意见，争论不休。[②]

【案例】雷电击出的火花[③]

一次，课堂上正在学习《声音的发生和传播》，突然一道闪电划破长空，瞬间电闪雷鸣，大家的注意力一下子被外面的情况所吸引，不由自主地开始议论起来，我讲课的声音几乎被淹没。见到学生的这种状态，我很生气，真想狠狠批评他们一顿。正在我要开口时，突然听到一个声音：“暴风雨就要来了!”学生们哄堂大笑起来。我一看，原来是班里最爱出风头的学生。我又气又恼，心想这下可找到发泄的对象了。就在我要发火的一瞬间，教师的责任感和几年的从教经验制止了我。我意识到批评发火也收不回学生的心。于是我灵机一动，不如先放下本节课内容，引导他们观察这种雷电现象。我向学生问道：就打雷闪电这种自然现象你们有没有什么问题要问？学生们听后立即兴奋起来，七嘴八舌地议论开了：

“老师，我发现先看到闪电后听到雷声，为什么?”

“老师，我发现雷电的形状不同，为什么?”

“老师，为什么总是先打雷后下雨，有时干打雷不下雨?”

……

听着他们的发问，我的情绪也一下子被调动了起来。由于时间的关系，我决定和同学们共同研究他们提出的第一个问题。我让学生思考：闪电和打雷是不是同时发生的？结果学生们的讨论很激烈，有的说先有了闪电后有了打雷，有的说打雷和闪电是同时发生的，只是它们在空气中的传播速度不同。他们一个个争论得面红耳赤，互不相让。于是我立即让课代表协助当堂准备并演示了电荷的放电现象，同学们仔细地观察着，惊奇地议论着。其中学生1问：“为什么做实验时是同时感觉到，而闪电打雷却不是呢?”学生2答：“是因为打雷处距教室较远的原因。”

听着他们的探讨，我因势利导：“估计打雷处离我们的距离需要什么测量工具?”教室里一下子安静了下来，学生用疑惑的眼神看着我，我随即在黑板上画出光和声音传播的示意图，我想看看学生们的反应。

学生1：“我发现它们的速度不同，通过的距离相同，所以所用的时间不同。”

---

① 陈惠英．课堂中的学生资源．北京：中国轻工业出版社，2006：19

② 陈惠英．课堂中的学生资源．北京：中国轻工业出版社，2006：23

③ 陈惠英．课堂中的学生资源．北京：中国轻工业出版社，2006：8

学生 2：“它们所用的时间差可以用手表测出。”

学生 3：“我们可以根据它们的距离相等列出方程：3×10^8 m/s＊$t_{光}$＝340m/s＊($t_{光}$＋Δt)。解出了光传播过程所需要的时间为：$t_{光}$＝340m/s＊($t_{光}$＋Δt)/(3×10^8 m/s－340m/s)。”

我让学生 3 把方程写在黑板上，并做了演算，结果大家发现这个时间值太小。我见同学们已经明白了其中的道理，便提醒道：“由于光的传播速度太快，可以粗略地认为光传播不需要时间，那么打雷处到教室的距离就是……”大家一下子明白了，列出了公示：s＝340m/s＊Δt。大家认真地记录着时间差，计算着打雷处到教室的距离。其中一个同学兴奋地告诉我：我发现，打雷处不止一处，我测出的几次时间都不同。听着他们的汇报，我很欣慰他们通过学习真正地认识到了自然界中光与声音的一些科学规律。

下课后，为了使学生养成由依赖书本学习转向学会利用网络资源来学习、由依靠老师的学习转向自主学习的好习惯，我要求并指导学生在网络教室查找了雷电发生原因的资料。当一幅幅美丽、壮观的图片出现在师生面前时，所有的学生连同我在内都被奇妙的自然景观迷住了。读者图文并茂的解释，使同学们的脸上露出了灿烂的微笑。

从这个案例的教学效果来看，适时的生成性教学会带来事半功倍的效果。平时教师挖空心思、千方百计地创设能调动学生求知欲的问题情境，又怎么比得上这类突发事件激起的好奇心呢？如果有这么好的教学时机却不利用，实在是浪费资源。

(二)把握时机、顺势而为

前面那个由雷电激发的生成性教学案例很好地体现了生成性教学的真正意义所在——在学生的求知欲最旺盛的时候，满足学生的需要，就能使教学高效。而这里的关键是把握时机，这需要教师高水平的学科专业素养和敏锐的洞察力，要有生成的意识——不是拿生成当优质课的点缀，而是将教学过程全部等价为生成的过程，课前的教学设计只是为生成做准备的，课堂即是师生一起探究知识的实验室；还要能够以专家的视角捕捉有价值的议题，以课堂主导者的身份引领生成的方向。

【案例】《功》的教学片段①

教师：大家已经学了很长时间物理了，也有一定的经验了。我们先回顾这样几个问题。一个物体(板画)我们都知道它会受重力，我们现在把这个物体拎着，就像这根粉笔，拎着它，保持静止，那么我们知道它受重力 mg，还受一个拉力 F(画受力示意图 2-13)，它所处的状态是静止的，那么 F 和 mg 在大小上有什么关系？

---

① 卢慕稚，张友金，闫立新．中学物理教师学科专业素养与课堂教学实践．北京：首都师范大学出版社，2013：260～271(执教教师：北京市十一学校秦建云)

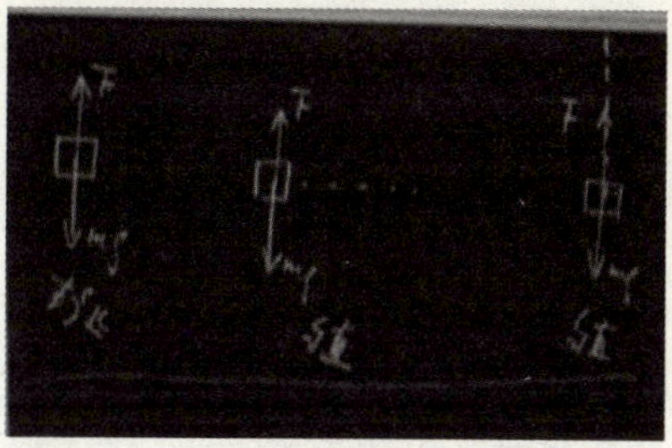

图 2-13　受力示意图

学生：(一起)相等。

教师：如果还是这种情况，还是这个物体(画在黑板上)，还是这个F拉着它，我让它在这个方向上(水平)做匀速直线运动，这个F和mg有什么关系？

学生：(一起)相等。

教师：如果还是这个物体(画在黑板上)，我们还拉着它，让它的运动方式改变，向上做匀速直线运动，还是匀直，但是向上走，这个时候这个F和mg有什么关系？

学生：(犹豫，一起)相等。

教师：刚才我们为什么犹豫了一下？谁能说说你犹豫一下的理由是什么？(走到学生前)来，你来试试。刚才我们在一块儿回答时，我们是不是有一个迟疑啊？我们为什么会表现出这种迟疑？

学生：因为向上的力，还会想到它要向上动所以需要大一点。

教师：哦，看，由于摩擦的客观存在，我们的生活经验往往会误导我们，拉一拉，动一动，不拉是不是不动？现在既然是往上拉嘛，那肯定是往上这个力比往下的力大啊，否则怎么会动呢？我们一定要搞清楚，它的运动特点是匀速直线运动。

(点评：学生表现出迟疑、犹豫的地方可能就是一个需要展开生成性教学的点。教师抓住学生的犹豫，提示学生反思自己思维中哪里出了问题，及时帮助学生强化了已经学过的知识。)

……

教师：我现在问第二件事情，从我们生活经验的角度来讲，我们拿着一个物体在这儿不动，这个物体所具有的能量会改变吗？比如我拎着这根粉笔不动，就这么在这儿待着，那么粉笔的能量，注意我们没有任何理论，我们只有生活经验，它会改变吗？

教师、学生：(一起)不会。

教师：带着它这么匀速地走，它所具有的能量会改变吗？

学生：(一起)不会。

教师：不会。如果我把它提升起来，它所具有的能量会改变吗？

学生：不会。

教师：现在我们把一个物体从一个位置往上提，提到这个位置，那么它所具有的能量会改变吗？

学生：(小声)不会。

教师：(走到一学生面前)来，你说说你的观点。

学生：(起立)我觉得应该不会吧。

教师：嗯，理由?

学生：因为它就这一个东西，应该怎么动都不会变。

教师：哦，那么就是说一个物体放在哪儿，怎么摆弄它，是不是它的能量都不会变啊?那我现在做一个测试(找来一本书，放在学生头上方)，我把它放在这，撒手，是什么状态?大家看!(举高)我如果把它放到这么高的位置上，大家看。你告诉我，你为什么哆嗦?

学生：(笑)下来会疼。

教师：那么你解释一下为什么你会认为下来会疼?是不是在这儿(低处)和在这儿(高处)不一样啊?你如果要认为在这儿(低处)和在这儿(高处)一样，那你会很从容淡定吧?我放在低处你就面不改色心不跳，我往高一拿你不就哆嗦吗?实际上你认为在这儿(低处)和在这儿(高处)是不一样的。那么告诉我，按照生活经验来看，实际上它是个什么东西?

(学生思考。)

教师：同样一个物体，它下来以后最后导致的后果不一样，实际上这就是能量的不一样。当我们把一个物体提起来的时候，实际上它的能量是会增加的。那如果向下呢?能量会什么?

学生：减少。

教师：降低的，那我想再问，如果把两个本摞在一起，我们再往这儿一放(学生头上方)，是不是她有点比刚才不自在了?我再把这个(笔袋)放上去，那告诉我们，就在同样的一个位置，如果它的质量不同的时候，什么不一样?

教师、学生：能量不一样。

教师：好了，我们有了这点基础，下面我们就需要去细致深入地分析这些问题了。看这个，请大家一、二、三，先比较一下这三个具体的过程，它们到底有哪些不同?最后再看看三个过程的环境上有什么差异?好了，开始。就这三个过程，到底它有哪些不同?

(学生思考。)

教师：可以彼此商讨一下，一个人的力量是有限的。

(学生互相讨论。)

教师：好，谁来说说?你发现什么不同了?

学生：我觉得第一个和第三个不一样，第一个能量就是它本身。

教师：也就是说，第一个的能量并没有改变?

学生：对对。

教师：第三个有能量改变?

学生：对。

教师：不错啊。注意，我们发现不同本身就是在区别两个事物，为什么这个事物不是另一个事物，就在于你发现了它们的不同。因此，我们在认识世界的过程中，不断地去比较的目的就是要发现事物间的差异，再发现造成差异的原因，于是我们就能认识到规律。他刚才说了这个最大的特点，没有能量的改变，这个提法非常漂亮，谁能够听出他这个回答的客观性，他用的是"没有能量的改变"，没有能量和没有能量的改变一样吗？

学生：(一起)不一样。

教师：一定要搞清楚，我们有时候是在研究一个量的值，有时候是在研究一个量的值的变化，你一定要搞清楚你是在研究它的改变，还是在研究它的状态值。如果是改变，它是一个过程行为，是吧？如果它是一个值，就是一个状态行为，这是有很大差异的。他发现这是什么？是一个过程行为，就是我拿着它在这儿待了一段时间后，这个过程中没有能量改变。他也恰好就回避了，因为他不知道这个能量是什么，什么能量我也不知道，反正我感觉它的能量没有变。然后他发现，这个(指板书第三幅图)能量改变了。他把第二个给扔下了。谁来说说，第二个是变了还是没变，还是变了一会儿又不变了？来，你来试试。

学生：我觉得应该是没变。

教师：嗯，你的态度是没变，好，请坐。

教师：我们每个人都有自己的经验，同意他这个观点，第二个没变的请举手。

(大多数学生举手，表示同意。)

教师：我们可以达成共识了，因为在这之前我们谁也不知道。它没有改变。看，在比较中我们发现问题了：同样是一个过程，前面的两个过程没有能量的改变，第三个过程有能量的改变。那这就必然要提出新的问题了。

(学生举手。)

教师：来，你说说，要提什么问题？

学生：为什么第二种横向运动(能量)就没改变呢？

教师：哦，好，请坐。她对我们这个共识提出质疑，她问为什么没有改变，谁来帮她解释一下？请注意，现在我们不可能有这方面的理论，我们就按照我们的生活经验来说，谁来帮帮她？(走到学生跟前)你和她同桌，你来。

可以说，这节课的全过程都是生成性教学。这里有两点特别值得一提：一是教师就着学生对问题的回答进行评价，将教学生研究问题的方法这个教学的大目标因学生所采用的方法具体落实到体会如何依据经验思考问题、如何准确使用科学概念以及"比较"这一方法的重要性。这些是在教师的整体预设之中，有时伴随着课堂实际发生的境况而生成的。二是征求同学们的意见，没有异议、达成共识了就准备转入新的问题，这时，又有学生针对"已经达成的共识"提出"为什么……"，又生成了一段本可能跨过去的思维过程。

上面这个案例引自《中学物理教师学科专业素养与课堂教学实践》一书所精选的优秀教师课例展示，在对《功》这节课进行专家点评时，续佩君教授指出：从认识学生在学习中的主体地位，到课堂教学中“表现出”或者进而“体现了”学生的主体地位，再到落实学生的主体地位，是一件颇为困难的事情。目前，很多时候，将课堂上是否存在学生的参与(例如师生、生生间的互动)，或者以学生顺利通过教师精心设计的引导的回答来表明落实了学生主体地位。然而，第一，需要明确，由于实际上存在着不同程度(深度)的参与，所以参与只是落实学生主体地位的一个基本条件。这就好像不来听课的一定听不懂，来听课的不一定都听得懂。第二，需要明确，无论学生在教师事先筹划、准备好的情况下参与动手，或学生完全被教师精心编织的系列问题引导，两者实质上都缺乏学生思维的切实参与。后者还总使学生有拐棍依赖，进而不能体验(且不说学会)独立的研究。显然，这两种处理都不能说明学生的主体地位真正得到了落实。从理论上讲，面对教师在引入环节呈现出的情境，由于各人的知识范围、积淀的表象和生活经验不同，每个学生的即时思维状态都是个性化的。所以，要落实学生的主体地位，就要从承认并尊重这一现实做起，需要“就着”学生“不同类别”的思维状态(而不是选择一种有利于教学的思维状态)，引导学生“分别、逐步、探究和自我建构式地(而不是完全被动地或被“强拉硬拽”地)走进教学目标”。难得的是，本节课的主讲教师以下所示环节的循环，使本节教学很好地体现了上述教学目标：呈现情境和基本问题—鼓励学生说出自己的想法并对答案分类—分别举出学生熟悉的新情境并让学生依据生活经验自行做出判断—师生共同对判断进行分析并取得共识—提出要继续研究的新问题或呈现新情境。可以说，本节课呈现了一个教师如何“就着”学生的思维进行启发、引导的范例。这种方式最基本的特点是从教学过程内部的活动引出教育因素，而不是外加或事先策划的，其中最重要的也是最难做到的是“贴切”。显然，不管实际上有几个学生产生什么水平上的顿悟，这种处理方式都是对学生思维内容、思想境界和眼界的一种有益的开发和熏陶。还特别需要指出的一点是，由于这种开发和熏陶是符合学生的认知规律的——它是基于学生亲身或亲临的观察、感受、活动、体验而进行的，而不是基于教师的灌输意愿而进行的——从而成为一种较有实效的开发和熏陶。当然，这种处理方式对教师本身的能力和水平，对教师自我积淀的广度、深度、厚度和机敏，都提出了较高的要求。

(三)生成也需要预设

有人说，生成是师生的“即席创造”，是“无法预约的美丽”，它犹如天马行空，不期而至。为此，预设要有弹性和开放性，给生成腾出时间和空间。在传统教学中，教师习惯于把课堂上的一切都算计在内，把“意外情况”“节外生枝”都视为课堂异端而加以排除，生成自然也就无了立锥之地。教师要确立生成的意识，要深入思考课堂教学的大方向、大环节和关键性内容，把握课堂教学的整体思路和目标指向，为学生的自主活动提供必要的时间。目前，许多优秀教师都倡导和实行粗线条的板块或设计，就是基于这样的考虑。例如，著名特级教师宁鸿彬教《中国的石拱桥》大体分三步：(1)学生自读课文(教师要求学生在文章标题前加修饰语，促使学生思考)。(2)学生提出问题，讨论；教师提问，讨论。(3)练习。另一著名特级教师陈军教《死海不死》与宁鸿彬的课有异曲同工之妙：(1)用 15 分钟读几遍课文，让每个学生提出 5 个以上有价值的问题。(2)师生共同整理并解决其中主要问题。(3)教师提出问题，引导学生解决。这些课在教学过程中不断有新知火花的迸发，这些火花就是生成。

1. 让学生提出问题

【案例】法拉第的探索[①]

……

二、实施科学探究，促进知识建构

……

教师：在 1931 年 8 月 29 日，法拉第终于观察到了感应电流。

(实验，如图 2-14 所示。)

学生：看到的现象是，在通电和断电的瞬间，指针发生偏转，而电流稳定的时候指针不动。

……

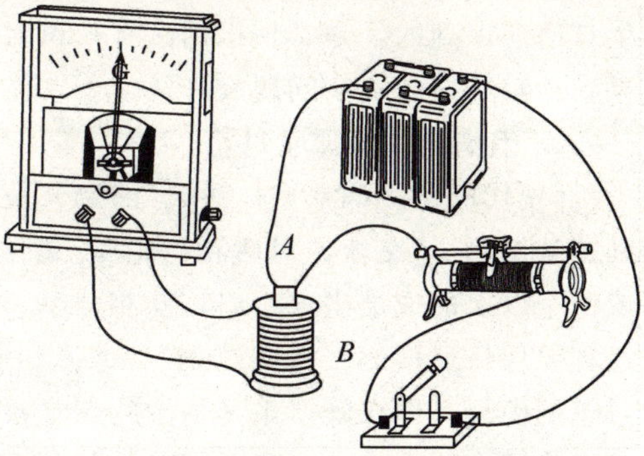

图 2-14　探究产生感应电流的条件实验装置图

教师：就刚才的实验现象你想提出什么样的问题？

学生：是不是铁芯起到了作用，或将铁芯换成其他材料会不会有电流产生？

教师：有道理，鼓励。总结：第一个问题，(板书)铁芯是必需的吗？还有其他不同的看法吗？

学生：为什么现象会发生在瞬间，而不是稳定后？

教师：鼓励。(板书)为什么现象会发生在瞬间？还有不同问题吗？

学生：不能排除由电生电的可能性，即不一定是磁生电。

教师：就是要证实一定与磁有关吗？很好。(板书)是否一定与磁有关？

三个问题逐一讨论：

(一)铁芯是必需的吗？

(实验，换成玻璃芯。)

① 官文栎．走进高中物理教学现场．北京：首都师范大学出版社，2008：144～150

（教师做实验。）

（学生仔细观察。）

教师：有什么现象？

学生：闭合、断开有电流，但电流较小。

教师：可见铁芯不是必需的。

（板书：铁芯不是必需的。）

……

在形成研究主题之后，进入课堂学习的关键环节——“实施科学探究，促进知识建构”。本案例先演示法拉第的电磁感应实验，让学生观察现象，然后提出进一步的问题，进行实验研究。这一步最突出的优点就是给学生观察、思考、提问的机会，生成了3个学生感到疑惑的问题。这几个问题不是教师事先设计好的，而是学生自己意识到的，是学生运用已有知识对所观察的现象进行分析、解释、猜测的结果。针对这样的真实问题展开教学，才能有效地促进学生知识的自主建构。

2. 组织有效的课堂讨论

《现代汉语大词典》对“讨论”的定义是就某一问题交换意见或进行辩论。马太·利普曼探讨了“交谈、对话和讨论”三者之间的关系，他认为，所谓讨论是“由两个或两个以上的成员组成小组，互相分享、批判各自的想法，与另外两者相比，讨论过程要保持适度的严肃和嬉闹”。课堂讨论虽是发生在课堂情境之中，但同样持有讨论的内涵，即在既严肃又活泼的课堂氛围中，师生之间、学生之间就某一问题相互交换观点和看法，并针对问题的某些方面进行争论和辩解，最终达到共同理解以及求同存异。

有效的讨论是课堂生成的基础。有效的课堂讨论应是以互动为前提、以严谨的思维为基础、以可靠的知识为保障，因此，教师和学生在讨论中负有维护讨论团体、维护严谨思维、维护准确可信的知识的责任，并且依据讨论团体的形式和成熟度而变化。①

四、让评价助力有效教学

我们不应该把评价视为教学的对立面，认为评价就是验收，是用来检查教学质量的，特别是教学过程中的日常评价，最主要的功能应该是教学的功能，与教学是一体的，共同起着促进学生发展的重要作用。

---

① 杨翠蓉，张振新．论有效的课堂讨论．全球教育展望，2005(5)：56～59

(一)传递信任与期望

【案例】一堂课改变了我①

我曾经是一个不爱学数学、讨厌上数学课的女孩。但是一堂数学课改变了我。一天，新调来的曾庆婷老师，满脸不高兴地走进教室，刚站到讲台上就开始批评我们，说我们昨天的家庭作业做得很糟糕，全班只有一个100分。大家听了，都把头低得很低。过了一会儿，曾老师的话语缓和了一些，对我们说："大家猜猜这个100分是谁?"同学们疑惑地眨着眼睛，晃着脑袋，叽叽喳喳地猜开了。

"要我猜呀，这个100分肯定是班长谭云。"

"不对！应该是学习委员吴兴平，他的数学学得最好。"同学中有说张三的，也有说李四的，可曾老师只是一个劲儿地摇头。

"曾老师，是谁呀？您快说吧!"顿时，教室热闹起来，大家都像等不及似的，急于知道谜底。曾老师微笑着对我说："刘美琴同学，这个100分会不会是你的呢?"还没等我回答，教室里议论开了。"老师，这不可能。""对，曾老师，怎么可能是她呢？这不是太阳从西边出来了吗?"教室里响起一阵笑声。我羞极了，同学们为什么这么看轻我。

"静一静"，曾老师大声地说，"告诉大家，昨天家庭作业得100分的，正是刚才被你们笑话的刘美琴同学"。曾老师的话音刚落，全班同学的目光唰地移到我身上。这时，曾老师一边说，一边微笑着向我走来，眼神里充满了信任。

"刘美琴同学，你怎么哭鼻子呢？你应该高兴才对呀！以后你会得更多的100分，老师相信你。"

"嗯!"我点点头。这时，教室里响起了噼里啪啦的掌声。

从那以后，我发觉自己变了，变得对数学有了兴趣，喜爱上数学课了。

我们无从考证作文里的事件是否为真人真事，但是我们知道，类似的情形普遍存在于我们身边，这里面的关键词是"关注""信任""成功"。学生特别需要被教师关注，得到教师的信任，也需要体验成功，从而获得自信。没有一个孩子天生不喜欢学习，相反，人天生都具有求知欲。不幸的是，我们教师(当然也包括家长，实际上是整个社会的问题)在不经意之间总在打击学生的求知欲——你求知的内容不是考试要求的，不要学！你想学好课内知识吗？可是你看看，你怎么那么笨?!

1. 发掘、欣赏学生的智慧火花

关注与鼓励不是廉价地说声"你真棒"或形式化地让全体同学为之鼓掌。想一想，作文中的这位同学因为得到老师的信任与鼓励而开始喜欢数学了，但在你任教

① 07年中考满分作文系列96——一堂课改变了我．参见 http://www.zuowen.com/e/20080521/4b8bc93217080.shtml

的班级，会不会有相反的结果——你同样表扬了班里一位偶然一次作业完成得很好的学生，其他同学同样表达出对这位同学的轻视，这位被你表扬的同学会不会恨你，认为你让他(或她)出丑了呢？学生都是敏锐的，他们不只是从语言，更从教师的眼神、体态、语音语调中获得教师传递的真实信息。要让学生感受到教师真心的关注、期望与欣赏，教师要从观念上、从心底爱学生，欣赏每一个学生，而且还要会欣赏，善于发现学生身上闪现的智慧火花。因为教师需要做伯乐，要在千里马还埋没着的时候发现它的潜力——评价的任务不仅是评说现状，还在于发现学生的潜能。

【案例】探究杠杆平衡条件

物理课上，老师让学生分组做实验，探究杠杆的平衡条件，各组同学纷纷行动起来，在杠杆两侧不同的位置挂上不同质量的钩码，尝试着使杠杆保持水平平衡。例如，图 2-15(甲)。这时老师巡视到一组学生跟前，只见他们将手里的钩码全都挂到了杠杆上，如图 2-15(乙)，杠杆居然也是平衡的。

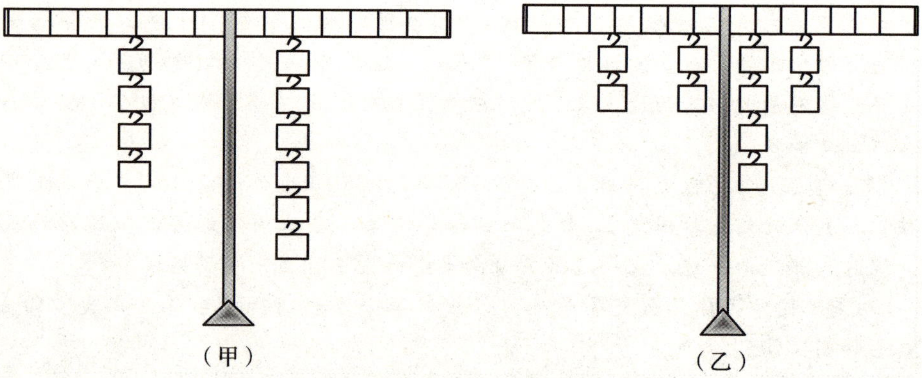

图 2-15　两组杠杆实验

这组学生“玩儿”的正开心呢，忽然抬头看到老师正“恨恨地”盯着他们，赶紧收敛笑容，把钩码从杠杆上取下来，停止了实验。

想一想，学生哪儿错了？要是你遇到这种情况，你会怎么做？

什么叫杠杆水平平衡？即杠杆保持水平状态。那么这组学生做到了，而且不是每个学生都能在这么短的时间内做到的。由于老师心中装着既定的答案：$F_1 l_1 = F_2 l_2$，所以只允许学生在杠杆两侧各挂一组钩码。其实，这组学生的实验现象反映出杠杆乃至更一般的刚体模型其转动平衡有更普遍的规律。初中物理要求学生掌握的只是其中最简单的一种情况。此时，教师应投给学生惊喜的目光，并对他们说：“你们探究了别人都没有想到的一种情况，你们真的很有创造性。但是，光能使杠杆平衡还不够，找到规律才更有意义。你们可以试一试。”

学生爱玩儿不是坏事，玩儿与课堂教学内容相关的游戏更值得提倡，因为玩儿可以调动学生的思维，玩儿也可以使学生的思维少受条条框框的限制。在教师的引导下，学生从玩儿走向研究，他们会觉得探究自然规律是一件有趣的事。他们会遇到困难，也只有在这时他们才会明白为什么教师希望大家在杠杆两侧各挂一组钩码——先从简单的情况开始研究便于发现规律，他们会真实地体验到研究需要一定的思路和方法。

另外，值得注意的是，教师普遍反映课时不够用，这加重了急于完成教学任务的心理。一方面计划着让学生动手动脑；另一方面，学生说的、做的往往达不到教师"顺利完成教学任务"的预期，于是就又迫不及待地替学生说、替学生做，不仅不能实现原设计的意图，还会错失诊断、发现的机会。

【案例】正方形中的三角形①

在一次教学"三角形"的课堂上，老师问："同学们能说出一些形状是三角形的物体吗?"学生纷纷举手，列举了红领巾、流动红旗、自行车三脚架……很多显见的"三角形物体"。老师正要总结时，一个小男孩举起小手，只见他举着一张长方形的纸片说："这一张纸……"老师一看，认为这个学生错了，马上纠正："那是长方形而不是三角形的物体。"小男孩失望地坐下了。

课后，听课者问小男孩："课堂上老师说你那张纸片不是三角形的物体，你还有想法吗?"小男孩又拿出那张纸，剪下一角，说："你看，这小片也是三角形呀！"

相对于其他同学那些直观可见的三角形，这个小男孩的答案多么有创意啊，但却被没有耐心的教师扼杀了。教师在制定教学目标时心中只期望学生能认识那些显而易见的三角形，甚至可以说这位教师此时此刻对于三角形的认识都僵化在了那孤立的图形上。那么教学是什么？是否仅仅是传递知识？而且这个知识只能是教科书上写着的样子？课堂提问的目的是什么？似乎仅在于显示教学的成果——看，学生们都学会了。于是，一旦出现"错误"(只是与标准答案有所不同)，马上制止，给予纠正。退一步说，即使学生真的错了，教师也不应该不让学生说完就直接给出正确答案。教学的有效性并不体现在原来已经掌握了相关知识的学生能说出正确答案，而是应该体现在原来没有认识或有错误认识的学生发生概念转变。发现尚未掌握所学知识的学生，正确的做法应当是倾听、追问，想方设法了解学生出错的原因，以便对症下药，帮助学生实现概念转变。

教师需要树立正确的学生观，真正相信每个学生都是优秀的，从而用欣赏的眼光去发现学生身上闪现的智慧火花。必须承认，教学过程的师生关系中，学生注定处于被动地位，教师拥有主导教学过程的权力。学生作为学习者，一定是解决问题上的"生手"，缺乏知识、经验必然导致其思维比较混乱，即使是大科学家，面对新问题时也会这样。科学家在科学发现的道路上经常需要捕捉灵感，相应的，学生迸发的智慧火花更需要教师来发现。

---

① 陈惠英．课堂中的学生资源．北京：中国轻工业出版社，2006：14～15

2. 为学生提供难度适当的挑战

一说要鼓励学生，似乎所有的案例都是去发现学生的优点，诸如某个同学字写得很漂亮，或者有音乐天赋，教师就找机会让该生利用自己的长项完成本学科的一些学习任务；或者是校长、班主任在学生遇到困难的时候，给予关心与理解。这些都是无可厚非的，仍然值得教师们继续这项事业。但是，这样就够了吗？能否做得更主动些呢？

任何人都需要有成就感，成就感来自于成功的体验。但是何谓"成功"？什么样的成功才能令人有成就感？不是迁就学生，降低标准，然后给予廉价的称赞。况且，真正的成就感有时可以靠自己去体验，并不需要外在的表扬与肯定。例如，当你克服困难完成了一件你原以为自己不可能完成的工作时，你会非常高兴，自信心倍增。它给我们的启示是，设置难度适当的任务，给学生一些挑战，战胜困难取得成功的愉悦是无可替代的最高奖赏。

我们期待着读者补充提供相应的案例。

（二）诊断教与学中存在的问题

1. 前测：了解学生认知现状的方法

只有了解学生真实的认知现状以及发展的可能性，才能基于教学内容设计出恰当、可行的教学目标，促使每一个学生达到他（或她）的最近发展区。下面看几个教师调查、了解学生对即将学习的知识领域已有认识的案例。

【案例】关于"平面镜成像"的课前调查问卷①

答题要求：你怎样想就怎样答，不要管对错，只要尽量详细写出你的想法（理由）即可。

1. 我们为什么能看到课桌上的书本？（　　）

A. 因为书本能发出很多光，到达我们的眼睛

B. 因为有光从眼睛射向书本

C. 因为书本能反射光线，到达我们的眼睛

D. 以上答案都不对。我认为原因是________________

2. 在一面墙上挂一面镜子，一个人站在镜子前面，则关于人在平面镜中所成像的位置，下列说法正确的是（　　）。

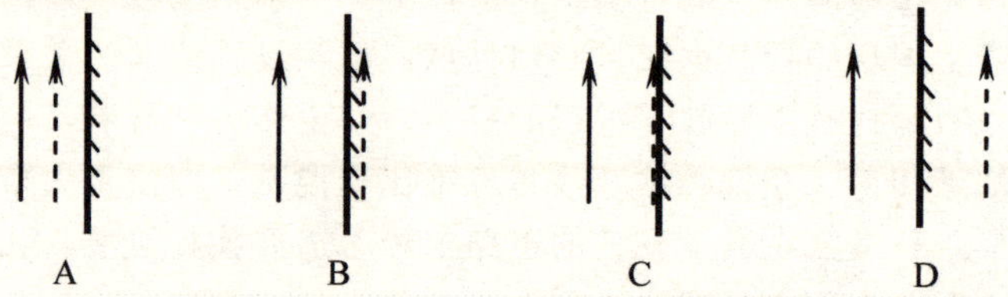

① 何艳阳. "趣味物理实验及制作"对学生概念转变的影响. ［学位论文］. 首都师范大学，2013

A. 在镜子和人之间　　　　　B. 在镜子后面的墙上

C. 在镜子表面　　　　　　　D. 在镜子后面一定距离处

3. 如下图所示，在某些电影特技中，将一块大的平面镜与地面成45°角放置，一个女演员躺在一个大转盘上。摄像机对着镜子摄像就得到了“仙女飞天”的画面。关于地面上的人在平面镜中所成像的位置，下列图中所表示的示意图中正确的是(　　)。

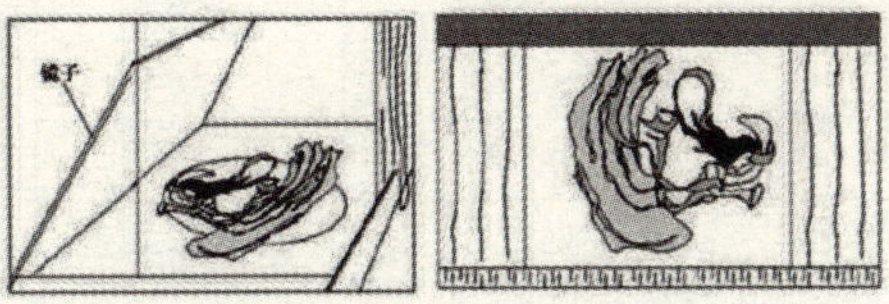

A　　　　B　　　　C　　　　D

4. 一个物体静止在镜子前面，关于物体在镜中所成像的位置，下列说法正确的是(　　)。

A. 像会随人所在位置不同而在镜子表面移动

B. 像的位置固定在镜子表面的某一位置不动

C. 像的位置固定在镜子后面的某一位置不动

D. 像会随人所在位置不同在镜子后面移动

5. 物体缓慢地向镜面移动，物体在镜中所成的像的大小变化为(　　)。

A. 物体离镜子越近，所成的像越大

B. 物体离镜子越近，所成的像越小

C. 在移动过程中物体所成像的大小始终不变

D. 以上答案都不对。我认为是________________

6. 我们为什么能通过镜子看到自己？(　　)

A. 因为有光从眼睛射向镜子

B. 因为镜子中的像能发出光到达我们的眼睛

C. 因为人能发出光并在镜子上反射后到达眼睛

D. 因为人反射的光在镜子上再次反射后到达眼睛

调查发现，初二学生在正式学习平面镜成像特点之前对于平面镜成像的位置和大小普遍存在错误的前概念。很多学生认为像成在镜子表面，像的大小和位置会随着观察者的位置变化而变化。例如，第2题的测试统计结果如表2-2所示。此题正确答案是D，参加测评的84人中只有22.6%的人选对。选B的占8.3%，选C的占

66.7%。可见，大多数学生的前概念中主要认为平面镜所成的像应该在平面镜上面。在进一步的访谈中，有学生还理直气壮地反问教师："镜子贴在墙上，像不在镜子上难道还能钻到墙里面去吗?"由此推断，学生实际上认为像与物一样都是"实体"，是需要占空间的。

表 2-2　第 2 题的测试统计结果

班级人数	选 A	选 B	选 C	选 D	没选
1 班 44 人	0	4	28	12	0
2 班 40 人	0	3	28	7	2
总计 84 人	0	7	56	19	2
比例(%)	0	8.3	66.7	22.6	2.4

第 5 题的正确答案是 C，由表 2-3 可知，参加测评的 84 人中只有 6%的人选对。61.9%的学生选择 A。这一错误的前概念实际上源自人们的生活经验。人通过视觉判断不熟悉的影像大小时，视角大则看起来这个物体就比较大，远离镜面看自己的像，视角减小，感觉像变小。这样的错误前概念因为符合人的直观经验，实际上是很难纠正的。

表 2-3　第 5 题的测试统计结果

班级人数	选 A	选 B	选 C	选 D	没选
1 班 44 人	26	6	3	8	1
2 班 40 人	26	5	2	5	2
总计 84 人	52	11	5	13	3
比例(%)	61.9	13.1	6	15.5	3.6

根据这样的前测结果，这位教师进行了有针对性的教学，其中包括带领学生亲手制作"反光魔术盒"，并让学生讨论这个魔术的原理，取得了非常好的教学效果。

针对学生认知基础的调查可以是精心设计测试卷，也可以只针对一个知识点灵活地安排在课后辅导、学生作业中，只要能了解到学生的真实想法即可。但这件事不可能一劳永逸，不同时期、不同的学生，他们的文化背景、经验与信息来源不同，对于即将学习的新知识既有反映人类认知共性的前概念，也会有每个个体特有的思维状态。既然我们的教育理念是为了每个学生的发展，教师就有责任关注每一个学生的原有认识。

2. 试卷分析

【案例】利用考试数据发掘教学信息①

某年北京市中考有这样一道化学试题：

---

① 引自张警鹏 2008 年在首都师范大学所做《对考试的分析与评价——方法简介及相关基础知识》报告。

26. 过氧化氢(H_2O_2)的水溶液俗称双氧水，在医疗上可作为消毒杀菌剂。每个H_2O_2分子是由(　　)。

A. 氢原子和氧原子组成

B. 一个氢原子和一个氧原子构成

C. 氢元素和氧元素组成

D. 两个氢原子和两个氧原子构成

通常教师对考试结果的看法是，该试题考查的内容是初中化学的最基本的知识，是送分的题目。然而考试的结果是，试题的难度值为0.67，区分度为0.4，表现为中等难度试题。即考试的结果并不理想。分析原因，教师们认为好学生不会有问题，可能是“差生”丢分，影响了试题的得分率。于是想到还应该加强对“差生”的基本概念的教学。

然而，全样本的考试数据分析结果如图2-16和表2-4所示。

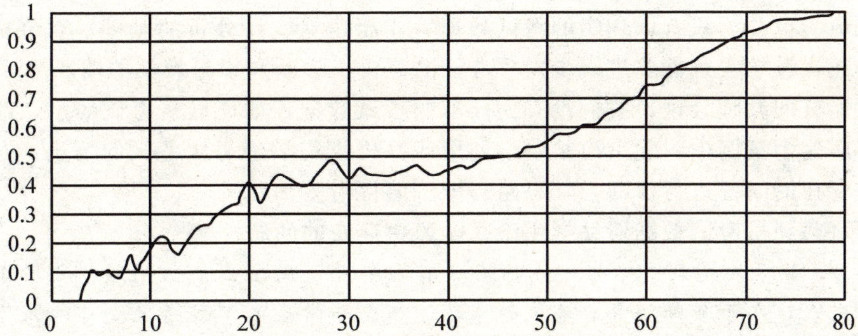

图 2-16　全样本的难度曲线

表 2-4　第 26 题得分分组统计表

分组 / 选项	1	2	3	4	5	6	7	总人数	比率	平均分	区分度
未答	165	18	18	12	8		1	222	0.00	25.28	−0.08
A	1738	778	537	354	211	139	48	3805	0.03	38.77	−0.17
B	3104	1390	849	491	239	107	40	6220	0.04	36.85	−0.24
C	7511	9103	8220	6637	4398	2373	827	39069	0.26	47.87	−0.25
D*	8665	9894	11561	13693	16330	18567	20273	98983	0.67	58.15	0.40
合计	21187	21184	21186	21187	21187	21186	21189	148306	1.00	54.00	

从分组统计数据看，考试结果的分布：1、2 组(成绩较差的学生)几乎是一半对一半；3、4 组正确选项人数略超过错误选项人数；成绩好的学生也失分较多：第 5 组占 20%、第 6 组占 10%，第 7 组尖子层中，也有 4%的考生丢分。这一现象很值得思考。

进一步来看，主要干扰项是 C 项，这又说明什么？

化学学科的特点：化学是在原子和分子水平研究具体物质的组成、结构、性质及其变化规律的一门自然学科。在宏观层面，可以说物质是由某几种元素组成，即“元素”是一个宏观概念；到了微观层面，进一步探讨分子的组成，就只能用微观层面的概念——“分子”、“原子”了。试题以宏观物质为背景，进一步提出微观层面的问题，恰恰是这种认识角度的转换迷惑了一批各个水平段上的学生，这就告诉我们，教学中尚需强化关于化学研究的认识角度问题。

通过本试题的分析可以看出，详细的考试数据及统计分析能够对考试结果进行较为深入的分析判断。对于考试，不能只看成绩。对教师而言，发掘考试信息的教育价值更为重要。只有以翔实的考试数据，才能建立统计分析的基础；有分析，才能有诊断；教学实践需要进一步发挥考试的评价、诊断和指导教学的功能。

可能有的教师会说，我们没有大样本的考试数据，如何分析考试信息、改进教学？下面这个案例中，北京市某中学利用计算机收集学生每次考试的信息，对学生学习中存在的问题进行诊断，其思路与做法值得借鉴。

【案例】利用考试数据帮助学生诊断学习中存在的问题

表 2-5 显示的是某个学生一段时间以来数学考试反映出来的问题。之所以能够得出这张表，在于教师将每次考试的试题考查点与学生的答题情况全部输入了计算机，例如，“01 不等式、集合运算”代表其中一个知识点，把小题得零分定义为“主要问题”项，小题没得满分定义为“全部问题”包含的内容，这样，输入某个学生的学号，利用现代化数据处理工具，就可以快捷、方便地实现对该生学习状况的诊断。

表 2-5　学号为 301 的学生数学学习问题分析表

考试	成绩	名次	主要问题	全部问题
第一次考试	99	165	03 位置关系，05 充要条件与数列，36 抛物线与向量	03 位置关系，05 充要条件与数列，67 线面角、球，67 三角函数，99 线面垂直、二面角、点到面的距离，36 抛物线与向量，26 等差等比数列证明、数列综合

续表

考试	成绩	名次	主要问题	全部问题
第二次考试	112	138	03 位置关系，05 充要条件与数列	03 位置关系，05 充要条件与数列，67 线面角、球，67 三角函数，99 线面垂直、二面角、点到面的距离，26 等差等比数列证明、数列综合
第三次考试	104	183	03 位置关系，05 充要条件与数列，36 抛物线与向量	03 位置关系，05 充要条件与数列，67 线面角、球，67 三角函数，99 线面垂直、二面角、点到面的距离，36 抛物线与向量

(三)发挥反馈的教学功能

评价具有导向性，亦具有教学功能。表扬一个学生作业全对，直接的导向是号召学生认真完成作业，是在引导一种学习态度。但是，学生作业普遍出问题，都是由于态度不认真造成的吗？是否是因为学生还没有理解所学的知识，还缺少解决问题的思路和方法？

【案例】笔者的两段亲身经历

上高中时，我们的物理教师在课堂上反馈学生作业的情况，她说："昨天的作业有一道题我们班只有两位同学想到要分多种情况进行讨论，也就是说，带电粒子受力后如何运动要考虑粒子原来的运动状态，看初速度方向与磁场力方向之间的关系。"她没有点名，但这样描述了其中一本作业："小字儿，特别整齐。"我知道她说的是我，也知道她注意到了我的学习状态与努力，更重要的是，她告诉我，很多问题都不是只有唯一的答案，要考虑初始条件，根据原始状态的不同，讨论可能出现的不同结果。实际上，在昨天完成作业时我并不懂得这些道理，当时是查了参考书照猫画虎碰巧答对了，但是教师的表扬起到了强化的作用，使我发现了正确答案背后更有价值的思考问题的方法，让我终生受用。

初中也有这样一位物理教师。记得该教师曾让我指着挂图解释日食的形成过程，我翻来覆去地讲了半天，教师给出的评价是："你说得不错。但开始时你就是不用我们学过的物理语言，我真替你着急。后来终于用了，这才像学过物理的嘛！"——"用物理语言"，即学习一门学问就要充分理解这个学科的基本概念，用科学概念展开科学思维。可能当年并没有理解得这么深刻，但这个要求却深入我心，一点点地朝这个方向努力。

好的评价应该让学生明白，今后他怎样做才是正确的，这就是评价的导向作用。日常的即时评价不必承担评价的鉴定、选拔功能，因此应该最大限度地发挥其促进学生发展的作用。大家都知道所谓的“皮革马立翁”效应，教师对学生积极的评价，所表达的关注与期待是学生发展的强大动力。但是，对这一要求不应简单理解为只能表扬不能批评，而且评价也不只是表扬和批评。“你真棒!”“你真聪明!”并不能引导学生学会学习、学会思考。评价的语言应丰富、恰当。教师应根据教学目标预期学生应达到的水平和应有的行为表现，并有意识地训练、提升自己的语言表达技能。

【案例】有效表扬的指标[①]

有效表扬	无效表扬
看情形而定、灵活机动	随机或不系统
详细说明学生完成的独特性	肯定的反应很有限
表现了学生自发、有变化以及其他好的迹象	显示出均一性，表明反应是有条件的，出自最低限度的注意
给学生提供关于他们能力或成绩价值的信息	不提供信息或者向学生提供关于他们的身份地位的信息
使学生倾向于在与任务相关的行为方面得到更好的评价以及考虑问题的解决	使学生倾向于将自己与他人相比较以及考虑竞争(可能会危及自尊心)
用学生自己以往的成绩作为线索来描述当前的成绩	用其他学生的成绩作为线索来描述学生当前的成绩
承认学生在对他来说困难的任务中付出值得注意的努力或获得成功	表扬时不考虑付出的努力或成绩的意义
将成功归因于努力和能力，暗示类似的成功将来还可能获得	只把成功归因于努力或其他原因，比如幸运或任务困难小
学生相信他们在工作上付出努力是因为想要发展与这项工作相关的技巧	学生相信他们在工作上付出努力是因为一些其他的理由，比如取悦教师或为得到奖励而赢得一场竞争
将学生的注意力集中在与其任务相关的行为上	将学生的注意力集中在教师即操纵他们的外在的权威

① 陈瑶. 课堂观察指导. 北京：教育科学出版社，2002：34

第三章
教学研究
——教师如何践行有效教学模式

引言：教师的教学研究是有效教学的前提与保证

曾有学者说：如果没有把重点放在教师培养或不断的培训上，那么也没有任何教育改革会取得成功。新世纪以来，我国的基础教育课程改革不断深入推进，让更多的课程工作者参与其中，不仅引领着学生的学习成长，也与学生共同经历着成长，这种成长就是作为教师的一种持续的、严格的，也是特有的、必然的专业发展。而教学研究正是教师围绕提高教学质量、促进学生学习而开展的各种研究、学习、反思、改进的活动。从一定意义上说，教学研究是有效教学的基础和前提，也是每位教师教学生活中的一个重要内容。校本教研、联片教研、网络教研等活动形式的开展，评优课、公开课、示范课、达标课等不同层面的研究课的出现，都让教师不同程度地体会到教学研究之丰富、常态与全员，促进教师不断提高教学水平。

然而，回到常态的学校教学生活中，教研、学习究竟意味着什么？一些教师描述过下面的场景与经历：

——开学伊始，当地和学校的教研部门会把预先设计好的近期教研活动安排和要求发给相关学科教师：有区域层面的校际间教师听评课活动，有教研员的单元设计指导或教材培训活动，也有学校内部的定时、定点、定人的年级听评课、同学科听课活动，还有不同级别的专题讲座、备课检查规范与要求、教师专业的教研反思任务要求等。而对于这些安排，教师也已经是司空见惯，每学期都如此，没有什么新意和创意，教师就是“照方抓药”般执行而已。

——学期中间，每位教师都可能有机会参加学校统一规定的教学展示活动，反正是常规任务，教师们也就往往依照一个固有的顺序轮流承担，谁承担谁就自己安排落实。大家彼此认可，届时前往听课，课后轻描淡写说几句表扬的话，教学研究展示活动就此完成了。

——学校要求教研组或备课组合作研究，备课资源共享，于是有的教研组采取承包制，大家分别负责一定单元内容的备课任务——从教学目标、教学过程、教学方式到学习评价、检查巩固全都是一个人完成；之后是大家的内容汇总到一起“共享”，由此完成了集体备课。当然也有的教研组是“能者多劳，骨干引领”，经验多、教龄长的人或者是组长需要主动承担并提前完成，之后是组内大家简单议论后共享，也完成了所谓的教学合作研究。

——面对学校要求的教研活动以“定目标、定主题、定问题”开展课题研究，教师们或者是随意在网络上下载有关资料直接照搬，或者是由某个人(通常是组长)提出一个话题后大家认同并暂时搁置，或者是结合已有经验凑出一个话题上交学校，由此“拥有”了教研问题。而一段时间中，教研活动依旧是围绕教材—教案—进度—作业—测验等重复性运行，基本上与教研问题、主题没什么关联。等学校要求提交研究成果时，教师们往往是以一个教学案例、一次公开课或者一个反思总结等略加整理，就产生出课题成果，而观点、过程、方法、行动、反思等全然忽略。

——面对越来越多的网上教研或学习培训任务，教师会抓住任何机会“挂”在有关平台上，而自己则忙于其他事情。同时教师还在网上搜索材料进行简单的编辑处理后就完成了像模像样的网上学习作业——发帖、跟帖、提交教案、撰写体会等。由于网络教研、学习的一个关键在于在网上留下了“痕迹”，于是，对于教师而言，参与网络学习，完成一定学习时间、参与互动、分享资源等任务量，一般都可轻松完成，当然也会导致收效不大。

可见，教学研究要不失为教师专业生活的主动学习与智慧分享，就需要超越活动形式、制度的“外壳”，唤醒教育者对于教学本质规律及其实现途径的主体自觉。正如教学之有效，要基于教师的引导所激发的学生自主学习；教研之有效，要基于教师对把握教学意义、实现意义的策略与效果的专业反思。教师的教学实践研究，依赖于个人的学习以及经验的不断建构，也依赖于教师同伴之间、教育专业成员之间的对话、交流。通过教学研究，教师走向专业自主和专业自觉，成为引领学生有效学习、健康成长的教育者。

一、专业化教师——有效教学的人力资源

多年前，数学老师孙维刚曾经描述过他在一次听课中看到的场景：

一个初一的学生问他的数学老师：“您在课上讲，有理数是整数和分数的总称，有理就是有道理的意思，我不明白整数和分数有什么道理呢?”

教师回答：“这是数学上的规定，没有为什么。”

面对这样的回答，孙维刚十分遗憾地说：这是一个多好的问题啊！世界上没有“没有为什么”的知识或现象。有理数是翻译上的错误，在翻译 rational number 时，由于一般字典上 rational 的意思是“合乎情理的”，所以被译为有理数。但是，rational 还有一个意思是“比率、速率”，由词根 rate 可以看出，表明两个整数之比，任何整数和分数都可以写成两个整数之比。这样就把知识学透了，而教师没有满足学生对知识探究的需要，实在太可惜了。孙维刚认为：科学上的任何规定都有为什么，数学尤其如此，世界上没有“没有为什么”的事。

教学是教师引导学生学习的过程，同样的内容，不同的学生会提出不同的疑问，不同的教师会做出不同的回应。不同的教师与学生共同参与、实现的教学活动具有不同的效果。

面对不同的学生，教师一方面要加强针对学习内容的研究挖掘；另一方面要加强对于学生学的研究与思考。由此，在教学中研究，在研究状态下教学，就成为教师日常教学生活的基本专业形态，也成为促进教师专业发展的基本途径。20世纪中期以来，伴随着教育改革与发展的不断推动，致力于教师队伍的专业化建设就成为教学改革、课程实践、教育质量的一项基础性任务。

(一)教师的教学素养

2012年我国教育部颁布了《中学教师专业标准(试行)》，从专业理念与师德、专业知识、专业能力三个维度对中学教师开展教育教学活动提出规范性要求，成为引领中学教师专业发展的基本准则。而教师从事教学工作的基本素养，是教师专业发展更具体的素质表达。

1. 提升理念与师德

作为教师的专业理念是教师对于教育工作所具有的基本理解，是教师献身于教育工作的根本动力。教师有怎样的教育理解就会有怎样的教育行动。就学科教师而言，专业理念与师德的重要基础就是在教学中所坚守的教学伦理，这是教师在教学中自觉指导和调节教学过程的精神力量。

献身教育

教学过程作为学校促进学生健康成长的最基本的教育活动，必然呼唤教师具有献身教育的基本境界。具体而言就是教师在教学中对于自己所具有的主导作用的充分认识，对于教学活动的复杂性、动态性、艰苦性、长期性与创造性的充分认识，贯彻党和国家教育方针政策，遵守教育法律法规。理解中学教育工作的意义，热爱中学教育事业，具有职业理想和敬业精神。认同中学教师的专业性和独特性，注重自身专业发展。具有良好职业道德修养，为人师表。可以说，教师对于教学所蕴含的教育价值、责任的理解与认同是教师从事教学工作的职业道德。特别是“为人师表”更是教师处理好自我修养与指导学生发展的基本伦理规范。在初中教学中，教师面对的教育对象正是出于人生发展关键期的青少年，他们的向师性、模仿性与独立性、叛逆性很强，教师作为其身边最真实、常见的“重要他人”需要时时、事事意识到所具有的潜移默化的示范作用，由此也让为人师表成为教师职业认同、有效教学的必备品质。思想纯正、品德高尚、言行一致、勤于学习、严于律己、以身作则，都成为教师承担教学工作的基本修养。正可谓“千教万教教人求真，千学万学学做真人”。

顾明远先生曾讲到自己的教育信条“一是没有爱就没有教育，二是没有兴趣就没有学习”，认为教师要“长期从事教育工作，热爱教育，热爱孩子，一辈子献身于教育事业，把教育作为一个毕生的事业”。美国教师教育联合会的教师誓言也强调每位教师要承诺：“我将把我的一生贡献给教育事业。我将履行作为教育者的全部义务，不断改善这一公共福利事业，增进人类的理解和能力，并向一切为教育和学习做出努力的作为和人表示敬意。我将这些义务当作我自己的事，并时刻准备着、责无旁贷地鼓励我的同事们做到这一点。”

可见，保持做教育的职业伦理是教师做好教学工作的普遍准则。很多研究表明，优秀教师身上所蕴含的一个共同品质就是对于教育本身的热爱。

热爱学生

理解学生、以学生为本是教师专业理念最核心的内容。关爱中学生，重视中学生身心健康发展，保护中学生生命安全。尊重中学生独立人格，维护中学生合法权益，平等对待每一个中学生。不讽刺、挖苦、歧视中学生，不体罚或变相体罚中学生。尊重个体差异，主动了解和满足中学生的不同需要。信任中学生，积极创造条件，促进中学生的自主发展是中学教师开展教学活动的人文素养。如何看待学生，如何理解学生的全面发展，如何分析班级中的每个学生的差异，如何做到“爱丑陋的孩子”，都可以归结到教师对学生成长所持有的教育情感，也是教师开展有成效的教学活动的前提。热爱学生，教师才能设身处地地理解、了解、关心、尊重、信任学生，才能有的放矢地设计教学；与此相适应，学生才会亲其师、信其道。同时教师在教学中对学生的热爱，是具有教育理性的爱与严的辩证统一，会爱而不溺，严而有情、严而有度、严而有理、严而有恒。

教师在走向专业的过程中要不断增进对于教育本质特征的理解，不断解读学生的内心世界与已有经验，在教学实践增强“做教育”的信心，加强为人师表的职业道德的自觉修养。

恪守职责

教师的专业理念师德具体在教学具体行为上就是要履行教学职责，保持教学公正和“教学良心”。也就是说，教师能够以教育理性自觉调节、化解教学中的各种冲突与矛盾，保持教学中独立人格，从有利于学生终身发展出发做出教学指导与决策。一方面，善待每位学生，对学生一视同仁，因材施教；另一方面，不因背离发展规律和教学原则而感到内疚和自责。在日常教学中，变相体罚学生、一味增加学生作业量与课时量、为提高分数而放弃学科思想方法培养等，都是一种教学的失职与缺位。

【案例】李镇西老师谈教育和爱[①]

大凡有事业心的年轻人在刚踏上工作岗位时，都热情有余而思考不足，自信

① 李镇西．做最好的教师．参见 http：//sq. k12. com. cn/discuz/thread-422317-1-1. html

“一分耕耘，一分收获”，因而干劲冲天，却很少想过其他——将遇到的挫折、教学规律、教育理论、前人经验等，只有在几年过去以后，才会冷静下来，就以前所满不在乎的东西进行思索、学习、研究。我更是如此。三年来，我的工作热情虽然自以为丝毫未减，却一天天感到力不从心，越来越外行了。我在教育学生的同时，自己也在受教育——被教育实践教育、被教育对象(学生)教育。我越来越感到：包括我在内的一些教育工作者，在强调更新教育思想、改革教育方法、学习最新的现代教育科学理论的同时，往往轻视或忽视了一些传统的、正统的、古今中外全人类所共有的教育思想的学习和实践。

直到现在，我才真正体会到了“爱”与“教育”的相互关系以及它所提示的教育科学规律；也只有在这种情况下，我才不得不承认，我以前是把这种师爱不自觉地停留在口头上，并且把这种师爱抽象化了。而教育实践使我现在开始理解这种爱的含义和表现形式。

教育工作者所特有的师爱，首先应是理解学生的精神世界，学会用他们的思想感情投入生活，和学生一起忧伤、欣喜、激动、沉思。

一些教师认为，教师在学生面前固然应平易近人，但不可过分显得“孩子气”，以丧失起码的尊严感。我却认为，只要注意环境、场合，只要把握准学生的情感，教师的任何“过分”的亲切、幽默、嬉戏都不会是多余的，这只会让学生感到：“这老师真有趣！他真是我们的好朋友!”

一段时间，初八四级一班的男同学酷爱“斗鸡”，无疑，这是很危险的游戏，于是我下令禁止：“首先是对你们正在发育的身体不利，其次在教室里、校园里一蹦一跳实在不雅……”在我看来，学生们应理解我的一片好心，况且我已晓之以理，但在学生看来，我是专横地剥夺了他们的自由，于是，“斗鸡”由公开转入地下，这意味着师生之间已经产生了不信任。不久，我们班来到通江河滩郊游，我发现，在我宣布自由活动后，一些男同学互递眼色，像在商量什么，但又不好意思说，我看了一下四周柔软的沙滩，忽然明白了，便大声宣布：“来，请男同学组织一个‘敢死队’，与我‘斗鸡’!”孩子们在惊喜中雀跃起来。当我看到男生们一蹦一跳地向我轮番进攻，最后把我击倒在沙滩上，我感到很舒畅：同学们已经理解我了，因为我并未扼杀他们的童心。

是的，我认为教育不应违背儿童的天性。当然，“不应违背”并非一味迁就，而是把童趣引导到正当的途径和允许的范围内发挥，这将会使学生的心和教师的心贴得更紧。如果教师本人甚至也保持或培养一点“儿童的天性”，那么，简直可以使师生之间的心灵融为一体。为了培养同学们的感情，我努力准确地记住每个学生的生日，并坚持在学生生日那天送去一个小小的礼物，假期也不例外。参加工作以后的每年正月初一，我都邀约学生带上香肠、小香槟、糕点，一起来到郊外，在欢声笑语、追逐打闹中共度新春佳节。跟孩子们一起捉迷藏、一起“丢手绢”、一起打水仗、一起包抄手……的确是一种享受。

2. 丰富实践知识

教师是引导学生走进知识、热爱知识、创造知识的人，因此，教师的专业知识的储备是做好教育工作的基础。依照专业标准的要求，教师的专业知识包括四个方面：一是教育知识，二是学科知识，三是学科教学知识，四是通识性的知识。而对于学科教师，首先应当能够对于“什么是知识”有自己的深刻理解。这种理解一方面可以让自己以动态、开放的心态和视野走进知识、关注知识学习的过程、方法及其与人的自身经验的积极建构，努力使自己成为一个热爱知识、追求知识、运用知识的主体；另一方面可以让学生在掌握知识的过程中，不仅注重陈述性知识的学习，也关注程序性知识的学习；不仅关注知识的结果，也关注知识的探究过程；不仅关注知识的习得、积累，也关注知识的应用与创新。由此，教师的知识观不仅是自身学习的指导思想，也是引导学生学会学习的认识基础，充满实践特征。

北京大学陈向明教授针对“教师的实践性知识”①进行了研究，认为教师的实践性知识是教师真正信奉的，并在其教育教学实践中实际使用和(或)表现出来的对教育教学的认识。其构成主要包括六个方面的内容。

(1)教师的教育信念，具体表现为对以下问题的理解。①教育的目的是什么。②学生应该接受什么样的教育。③什么是“好”的教育。④“好”的教育应该如何实施和评价。⑤如何看待教师职业。

(2)教师的自我知识，包括自我概念、自我评价、自我教学效能感，对自我调节的认识等。①教师是否知道运用“自我”进行教学。②教师是否了解自己的特点(性格、气质、能力等)和教学风格(教师在长期的教学实践中逐步形成的、富有个性特点的、一贯表现出来的教学理念、教学方式方法、教学技巧、教学作风有机结合的独特品质)，扬长避短(扬长补短)，适度发展。③教师能否在错误中学习，并及时调整自己的教学态度和行为。④教师是否乐于并益于接受外界信息，找到提高自我效能感的有效途径。

(3)教师的人际知识。①教师能否对学生有效地感知和了解(是否关注学生，恰当地对学生的要求做出回应，与学生有效沟通)。②教师是否愿意帮助学生，表现出真诚的热情。③教师是否能感染学生(包括教师的体态语)。④教师在与学生交往时是否能遵循正确的人际交往原则(如公平、公正、分寸、幽默)。⑤教师在课堂管理中能否对学生群体动力有准确把握，消除课堂排斥等。

(4)教师的情境知识，主要通过教师的教学机智反映出来。①教师能否根据课堂情境做出瞬间判断和迅速决定，调整自己的教学计划。②教师能否对教学做出变通，根据直觉、灵感、顿悟和想象力即兴发挥。

---

① 陈向明．实践性知识：教师专业发展的知识基础．北京大学教育评论，2003(1)：104～112

(5)教师的策略性知识。主要包括教师对学科内容、学科教学法、教育学、心理学理论的把握，对所教科目及其目标的理解，对课程内容、教学方式和具体策略的选择安排，对教学活动的设计和实施，对教学方法和技术的采用，对特殊案例的处理，选择学生的标准和手段等。

(6)教师的批判反思知识。所谓反思就是深思熟虑地思考。教师的反思是一种实践取向的反思，表现为“对实践反思，在实践中反思，为实践而反思”。教师既可以用语言描述自己的教学行为及其思考，也可以对自己的经验进行系统梳理。

信息时代、知识爆炸，决定了教师的知识不单纯是一种量的积累，更多的是一种意识、方法、态度、选择的知识构建与学习过程。善于发现知识、获取知识并在众多信息、知识中做出筛选、转化和运用，是对教师专业知识的新的要求，而注重当代德育理论、心理学最新成果以及管理学、社会学等有关理论的了解，针对一些重要的文件、法律等主动涉猎，都有助于教师和学生共同在学习有用的知识中经历有意义的教学生活，显现“知识就是力量”的促进学生成长与生活的价值品位。

3. 提高教学技能

能力是直接影响活动效率，使活动任务得以顺利完成的个性心理特征。教师在教学中，作为中学生健康成长的指导者和引路人，作为课内外、校内外、学科内外等多种学习关系的组织者与协调者，必然需要具备带动学生融入学习、自觉成长的教育影响力。《中学教师专业标准(试行)》指出，“把学科知识、教育理论与教育实践相结合，突出教书育人实践能力；研究中学生，遵循中学生成长规律，提升教育教学专业化水平；坚持实践、反思、再实践、再反思，不断提高专业能力”，是对教师的基本要求，也是教师能力不断提升的基本内容。具体到日常教学活动的展开，教师研究学生已有经验、分析课标与教材精神与内容、设计教学过程、增进课堂对话、准确表达语言、选择教学方法、开发课程资源、定位评价反馈、组织教学研究等能力，是教师实现教学任务的重要能力构成；同时，教师通过教学活动关注学生思想、方法、身心发展，也需要教师在思想品德素养、心理素养、言语素养、交往能力等素养上不断修炼并适切表达。

以某市举办的初中教师基本功培训展示活动为例，对于初中英语的教学专业技能就具体提出了七项要求。

(1)语言表达技能。① 口语表达：能够在课堂上基本用英语有效组织学生进行各项语言学习活动。能够尽可能用符合初中学生认知水平的英语给出教学指示用语，进行学习内容讲解，与学生沟通交流，给予评价和鼓励。教学语言正确、清晰、简练、流畅，语音准确，语调自然，语气亲切，有感染力。②书面表达：能够用符合初中学生认知水平的英语引导学生进行书面表达，为学生提供素材与示范，语言正确、流畅，词汇丰富，句式多样；能够从内容、结构和语言等方面对学生的书面表达习作提出恰当、合理的改进建议。

(2)教材分析技能。能够根据学生认知水平和语言基础对教材内容进行深入的解读和研究；根据教学的重点、难点和学生实际情况对教材内容进行适当有效的整合，包括补充、删减、扩展、替换以及对教材内容顺序的调整。

(3)活动设计技能。能够根据教材提供的语言学习材料，设计与教学目标紧密相关、贴近学生生活实际、易于学生接受和理解的教学活动。活动设计有助于引导学生语言学习的自主体验与合作交流；语言活动的形式多样、操作性强；语言活动的内容有递进性和实效性，有思维层面的含量。

(4)组织教学技能。能够针对教学内容和学生实际，在课堂上及时采取适当的教学方式和策略实施课堂教学，高度关注学习过程中学生的参与、体验和实践，恰当、灵活、有效地处理和协调生成性的问题。

(5)评价检测技能。① 能够对学生的英语学习进行及时的反馈和恰当的评价，激励学生学习，促进学生逐步形成综合语言运用能力。②能够应用教育测量和评价的基本理论、根据不同的测试目标确定考查内容，筛选、命制试题，编制试卷，分析测试结果并有效调整教学。

(6)资源利用技能。①能够按照课程内容和教学实际有效地选择并整合多种教学资源。②能够适时、适度、恰当、有效地运用现代教育技术、多种媒体和教学手段，拓宽学生学习和运用英语的渠道，丰富学习的资源(能够操作计算机、视频投影仪、实物投影仪、电子白板等硬件设备，能够使用 Windows 操作系统、Office 办公软件，能够在网络中使用搜索引擎，搜索和筛选与初中英语课程内容相关的多媒体信息，并在教学中有效使用)。

(7)课堂板书技能。能够在课堂教学中有效运用黑板(白板)进行板书。内容恰当，重点突出；书写正确、规范，绘画形象、直观，布局合理，字迹清楚；能够根据教学进展适时把握板书的时机。[①]

“真正好的教学不能降低到技术层面，真正好的教学来自教师的自身完整和自身认同”[②]，而教学机智正是教师在教学过程中面对复杂的教育情境，以自己对于教学的期待、理解、行动而做出的敏锐、适切的判断和行动。如果说“教学是一门由艺术家所从事的科学”[③]，那么，教师的教学机智正是建立在教学理念、教学知识与技能上的教学艺术。“无论教育者怎样地研究了教育学理论，如果他没有教育机智，他也不可能成为一个优良的教育实践者。这种所谓的教育机智在本质上不是什么别的东西，无非是文学家、诗人、演说家、政治家、传教者，一句话，就是一切

① 北京市第二届初中教师基本功培训与展示活动培训指南．参见 http：//wenku. baidu. com/link?url=CNuMxBhDfaNvZSGROJA9Ay _ siMzhX _ 4uF2SU3IXgRflR9WpsvGfYDfkalfny1QneWwfJrz0cyKlgG0s-rPI4CoAeqrcp5oGt3WVtYGcF-7y

② [美]帕克·帕尔默．教学勇气．吴国珍，余巍，译．上海：华东师范大学出版社，2005：10

③ [美]威廉·威伦等．有效教学决策．李森，王纬红，主译．北京：教育科学出版社，2009：1

想跟教育学者一样对别人的心灵发挥某种影响的那些人所需要的那种心理学机智。”[①]有研究将教师的教学机智具体划分为六种能力的综合表达，如图 3-1 所示。[②]

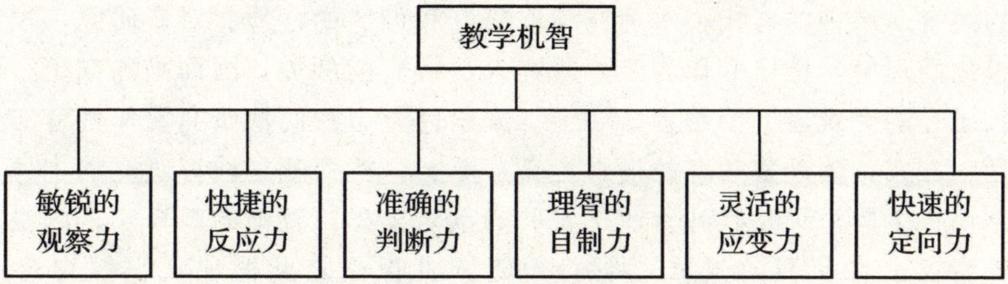

图 3-1　教学机智的能力构成

可以说，教师的教学能力因划分维度不同而有各种内容表达，而教师在教学活动中的能力的核心就是教学的领导力，是一种不断激活学生参与、引导学生个体和群体朝着对于问题的不断提出、不断思考、不断解决的方向发展的积极影响。而这一力量的拥有与释放，是教师热爱教学、热爱学生、热爱学科与自我修养、学习、实践中增强自我效能感的专业发展过程。教师在教学中践行专业发展，在持续的学习、研究中促进专业发展。

(二)教师成为研究者

进入 20 世纪初叶，在一些国家和地区就已经做出促使教师进入研究状态的努力，倡导通过参加教育科学研究使教师获得应有的尊严，教师已经被认为是发现和解决教学问题的人，可以使教育学成为“既是科学的又是生动的学问”。20 世纪 60 年代中期，《关于教师地位的建议》带动“教师专业发展”成为教师专业生活的主流话语；70 年代英国课程论专家斯坦豪斯提出“教师是教室的负责人，而从实验主义者的角度来看，教室正好是检验教育理论的理想的实验室。对那些钟情于自然观察的研究者而言，教师是当之无愧的有效的实际观察者。无论从何种角度来理解教育研究，都不得不承认教师充满了丰富的研究机会”。由此，“教师成为研究者”日益成为教师专业发展的同义语，成为教师专业发展的重要概念，面向实践、基于行动、反思意义的教育研究让教师在教育的态度情感与行动方法上不断提升着实践能力。

1. 教育研究是一种专业态度

当一位教师走进教室，他对将要教授的知识是早已熟知的，但是他的学生将怎样理解却是每个人、每个时刻、每种情境中都不相同的，这正是教师研究的所在，也正是从这个意义上，我们理解研究与教育没有根本的区别，研究学生如何理解，正是体现教育育人的根本意义。教师的工作是否具有研究的性质，关键在于我们如

① [俄]康·德·乌申斯基．人是教育的对象．郑文越，译．北京：科学出版社，1959：27

② 汪刘生．现代教学研究新论．北京：教育科学出版社，2008：15

何理解教育和如何理解研究。如果仅仅从知识的传递出发去理解教育，教师只能是一个教书匠的角色，如果从每个学生的成长出发，那么，教师的工作就总是在实现着文化的融合、精神的建构，永远充满着研究和创造的性质。对于研究，如果出于一种层级化的理解，把研究作为专业研究人员特有的领域，因而高高在上，教师只能是别人研究的旁观者、消费者，处于二流角色。当我们把研究看作教育实践中的一种态度、方式，体现着教育的根本意义，那么，教师就是教育研究的主体，他们的研究意识、主体意识是教师专业化发展的重要支撑，教师的教育实践内在地包含着研究的意义，并且只有这样，他们才能够真正当之无愧地从事教育这一伟大事业。①

教师以教育研究的态度关注教学，表现为对于教育活动过程中的各种关系、现象、内容与结果等深入探究与追问，总在回答"是什么""为什么""怎么样"的理性自觉。为此，无论是在课前——对学生的学情分析、学习内容本身的内在关联、教学目标、知识如何与学生经验建立联系的策略等预设的充分研磨与取舍；还是在课中——对于课堂上学生学习兴趣的调动、思维过程的引导、生成的教育契机、学习成效的评价等行动过程的即时互动；还有在课后——针对一节课、一个单元、一个教学过程的"复盘"与反思，针对后续学习的跟进设计与补充调节等，都充分显现出教学组织者的专业自觉：一种服务、指导学生发展的责任感，一种关注学生发展可行性、现实性与未来性的使命感。从"态度决定一切"来看，教学的有效性首先是教师关注教学教育意义、追问教学意义实现过程、不断改进教学行动的自觉意识与反思态度。

【案例】张思明带领学生学习"好玩"的数学②

怎样才能让学生真正喜爱数学，学好数学，是张思明近30年来一直在探索的问题。他说："我不企盼每个学生都成为数学家，但如果通过我的教学，能使我的学生有一种在生活和学习中应用数学去思维的观念和习惯，那他们将终生受益无穷。"

对数学教学的反思促使张思明不断尝试对中学数学教育进行改革，从1993年起，他开始尝试数学建模、数学课题学习的科研实践和探索。

为了从身边的现象中提炼数学问题，张思明身上时刻充满了"问题意识"和数学的敏感性。一次，他发现一家复印店门口写着：本店承接工程复印，可以复印A0和B0规格的工程图。他想：一般常用的纸都是A4、B5规格的，A0、B0规格的复印纸有多大呢？一个实践中的数学应用问题产生了，张思明把它带到课堂上，学生们用自己学到的数学知识得出了答案。

---

① 宁虹．重新理解教育——建设教师发展学校的思考．教育研究，2001(11)：49～52

② 刘华蓉．数学可亲 育人无痕．参见 http://www.jyb.cn/gb/2004/09/08/zy/jryw/3.htm

张思明请学生安排期末考试的座位，用计算机随机函数设计全年级的考场，要求每个学生的四周都不是同班同学。学生们经过讨论思考发现，如果班数是素数，“蛇形”排列就可以满足要求……

每年，张思明都要组织学生到大自然中去玩，其中“关沟行”是他的经典教案之一。在北京近郊有一条名叫关沟的山谷，张思明把学生带到那里，让他们测量山谷里奇形怪状的大石头的体积、采集中草药，利用数学中的分形知识，找出具有“生物全息现象”的植物……他们体验了游玩的快乐，也学习了不少新知识，培养了解决实际问题的能力。

在他的“调教”下，张思明的学生们掌握了一套从生活中发现数学问题的本领，提出并解决了一大批生活中的数学问题，如：小区保安巡逻的最佳走法、北大校园果皮箱分布的最佳方案、蚊香的持续燃烧时间与蚊香片的直径大小……越来越多的问题被学生提出来，又不断被学生解决。他们的成果在各种竞赛中获得大奖，有的还被有关部门在实践中采纳，极大地鼓舞了学生学习探究的热情。

“数学好玩”，这是著名数学家陈省身致中国少年数学论坛开幕的题词。跟着张思明学数学，学生们感受到了数学的“好玩”，感受到了学数学的乐趣。

2. 教育研究是一系列行动方法

“方法”，语义学的解释是“按照某种途径”，指的是为了达到一定的目的而必须遵循的调节原则的说明。辞典的注解为：行事之条理和判定方形之标准。方法是对研究活动本身的反思，它是作为一般的思维方式和行为方式，研究问题的一般程序和准则。对于教师开展教学研究而言，除了具备基于教学实践自觉反思、学习、研磨的态度，还需要借助一系列的教育研究方法、立足一系列的教育行为和研究过程来付诸行动。

研究作为一个系统过程，是通过运用各种方法发现问题、收集形成研究资料、分析研究资料的过程。由于研究者、研究对象、研究问题、研究范式的不同，会形成不同的形式与方法的组合，使研究的过程异彩纷呈。一般来说，教育研究包括三个基本阶段和环节(见图 3-2)，不同阶段和环节的实施会采取不同的方法和行动。其中研究的准备阶段包括确定研究问题、进行文献检索、确定研究对象、制订研究计划等环节；研究的实施阶段着重在以各种研究方法收集研究资料、分析研究资料、形成研究成果；研究的评价阶段主要是对研究的过程和成果进行总结、反思和评价。

由于初中教师的主要工作是针对学科教学与学生管理展开的，在研究状态下做好教学工作成为教师教育研究的基本内容。教学一旦进入研究视野，从“发现与确定问题—制定研究方案—实施方案与数据收集—问题的回答与解决”这几个步骤展开教学的思考与尝试，让教师的教学既成为行动研究，又因研究趋向规范、科学。

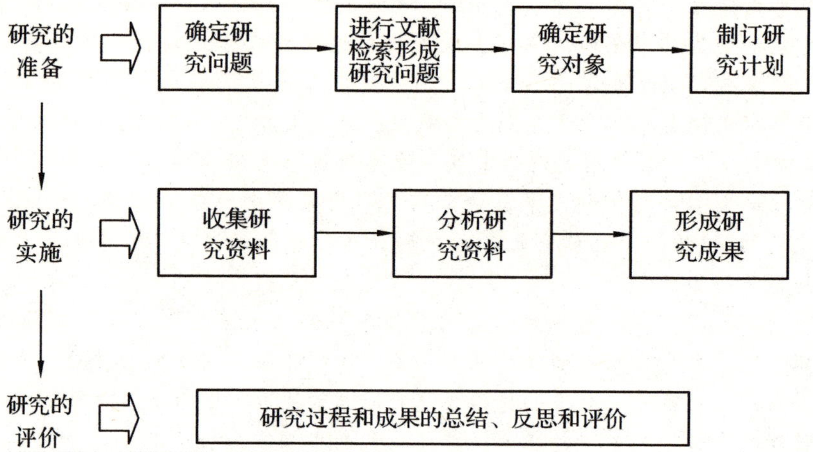

图 3-2 教育研究的基本过程

确定研究问题

首先是问题的发现。任何研究都是从问题的发现开始的，教师的教学研究也是从发现问题、提出问题、确定问题开始，因为没有问题就失去了研究的兴趣和动力。现实中，很多教师并非排斥研究，而是难以找到研究问题，即使找到了问题也不是“真问题”。因此，只能在自己的教学疑惑中寻找问题，从具体的教学场景中捕捉问题，从阅读交流中发现问题，从学科教学和学生教育的冲突中聚焦问题。也就是说，只有基于自身出发的探寻，才能在多种因素的分析中确定问题所在，并进一步做出规划、行动、观察、反思。

【案例】教师谈及发现研究问题①

我接任了初三年级两个教学班的物理学科教学工作。我在接班之前，查阅了学生在初二阶段的物理学习情况，发现存在两个问题：一是学生个体之间的学习水平差异极大(以初二年级最后一次期末考试成绩为例，在同一班级中，最高成绩是100分，最低的只有29分)；二是有相当一部分学生对物理学习缺乏兴趣，学习成绩很差，认为物理很难学(仍以上述考试成绩为例，不及格的学生占总数的26%)。

既然学生中存在这些问题，如不予以解决，无疑不能从根本上提高教学质量。因此我开始深入分析这些问题的症结所在。我从个案着手进行分析。小徐同学是一名后进生，教师们反映他上课经常不听讲，还不时讲废话，学习成绩极差，即上面提到过的29分。以下是他本人对初二阶段物理学科学习的一段反思：

“在初二的时候，出现了一门新的学科——物理。我当时的心情十分激动，因

① 张嘉阳．解决教学问题是教师研究的真正目的．参见 http：//eblog.cersp.com/userlog2/57851/archives/2008/738455.shtml

为是新课程嘛！可是没过多少时间，我就对这门课程不抱任何兴趣，对它的态度一直是不冷不热的，有时还觉得这门课程无所谓，所以当时的成绩嘛，我也不说了，足够让我开个卖‘红灯笼’的店铺了，而这个‘红灯笼’啊，个儿也特别得大。所以呢，我在学习物理这方面可以说是个白痴。”

在对小徐同学及其他一些成绩较差的学生的情况分析以后，我认为问题主要出在以下两个方面：从学的角度分析，这些学生在物理学科的学习中自信心明显不足，自我效能低下(自认为是所谓的“白痴”)；从教的角度分析，学科教学中的评价存在明显问题，是造成学生学习动机不足、成绩低下的原因。你让他的成绩足够开“红灯笼”，怎么让他有信心学好呢？

问题找到了，课题的主攻方向就确定了。

教学研究一定是教师在自己的教学中发现并提出的问题，是期待以此来找到教学值得关注、思考和改进的问题，是分析、提升教学经验并提高教学质量的问题。

其次是问题的确定，也就是形成了研究的课题。一旦发现问题就需要进一步就问题的种类、范围、性质、形成过程以及相关因素进行分析。

如在上面的案例中，教师在似乎发现了源自教与学共存的问题后追问：一方面，学生的自我效能感低，是学习动机问题、学习习惯问题、原有经验问题，还是方法或上课听讲问题，都有待进一步观察分析。另一方面，教师的评价问题具体体现在哪些方面？每节课针对学生的学该如何评价？对于不同的学生是否采取同一种评价方式？教师的作业是否具有层次性？对于落后的学生如何给予个性化关注？这些也是有待继续发现和改进的研究问题。在此分析基础上，教师的教学重点为从什么问题切入更有助于教学的推进，有助于解决学生物理学习差异过大的问题。教师通过资料分析、访谈以及对于相关领域研究文献的学习借鉴后就可以研究具体问题。上述教师最终确定了研究的入手点——从解决评价中“偏重评价的诊断性和鉴定性作用，忽视评价的激励性作用”和过于“注重终结性评价，忽视形成性评价的重要性”的问题解决作为突破，确定了《用多元评价的方法提高初中学生物理学习自我效能的研究》的课题，以学科评价改革尝试解决学生物理学习动力问题。

制定研究方案

有了问题后，就需要结合问题分析设计解决问题的思路与方法。由于教师的教学研究方案多是以教学为焦点，在过程中发现、生成和摸索，并在研究中创新行动策略，因此教学研究的方案具有预设性、灵活性、尝试性的特点。一方面，要从研究目标、操作变量(即将发生变化的变量)的确定出发，就研究周期的步骤与时间、有关研究保障条件、参与团队人员等做出规划设计，作为开展研究的行动线索；另一方面，根据教学过程的变化与动向，伴随问题解决过程的“变异”与迁移、转化，研究方案也要进行改进、修正。因此，研制研究方案本身，就是研究的组成部分。

再以前面案例中提到的教师为例：根据问题教师分析确定了自己的教学行动方

案，即问题解决的三项具体措施，以此尝试改善课堂教学的评价策略，提高学生的学习效能感。

行动1：在教学中采用“课前一练”的方法。该措施试图体现强化形成性教学评价的思想。即在每节课的开始进行“课前练习”，由教师命题，对上节课的学习内容进行测试，时间一般控制在5分钟以内，题目要求以基本知识技能为主。该措施的实施缩短了评价周期，利用遗忘规律使学生及时复习学过的知识。由于每次评价的范围只是前一节课的内容，学生容易把握，绝大部分学生在“课前一练”中能取得好成绩，这对树立部分后进生的自信心起到了很大的作用。同时，教师能从学生的困难和错误中及时发现自己教学中的问题，以提高学生的学习成绩，实现质量控制。

行动2：在单元测试中采用“分层—自定义”试卷的办法。将每次单元测试的试卷分成必做题、选做题和附加题三个部分。必做题体现最基本的教学要求，每个学生必须回答；选做题则是出两对试题，学生在每对试题中各选一题回答，突出“评价学生的成功”(而不是评价失败)的理念；附加题分数在正分之外，不影响学生成绩，主要是留给学有余力的学生解答的(因为过低的教学要求会使那些不经努力就能取得好成绩的学生自我效能降低)。在连续几次采用这种分层试卷之后，学生们对物理学科的学习不再感到恐惧，自信心明显增强。

行动3：单元学习反思。在每个单元学习结束的时候教师在课堂上留出足够的时间(一般是半小时左右)让每位学生填写一份《单元学习评价表》，主要评价项目有课堂表现、家庭作业、课前练习、单元测试、学习反思、测试附加分、学习档案整理、其他加分、学生反思等。学生以此为依据对自己本单元的学习过程进行总结与思考(自评)。以此提高学生的反思能力，学生不但能够总结在该单元中学习到的知识与技能，还能发表自己的观点和看法，包括对教师教学的意见、建议和要求等。

值得注意的是，教师的教学研究在设计中都会考虑到教研组、年级组等同伴合作研究，这种研究关注的集思广益、差异互补都让研究成为一种资源，减轻教师研究因单兵作战而孤立无援的负担感与孤独感，可以为教师提供相互支持与合作的教学研究状态，也可以成为促进学校整体提升教学质量的现实动力。

收集研究数据

教学研究既是教学过程，也是研究过程，在实施研究方案的同时，教师不仅在进行着教学实践的真实展开，也积累着各种研究数据。而与一般的教学活动不同，伴随着研究问题解决过程的教学，更加突出了研究者对于教学过程的观察、调查等各种资料的收集整理，由此更为全面真实地揭示问题的原因、解决过程以及对于问题的分析。同时，教学本身也在教师研究意识下更为精心地设计和展开。

针对教学过程的研究数据收集，主要采用的方法有两大类。

(1)观察法：是研究者通过感官或一定的仪器设备，有目的、有计划地了解教学过程的各个要素，特别是学生学习活动的各种表现并加以记录(文本、声音、图像等)，以此作为分析资料。

(2)调查法：是研究者通过访谈、问卷、测量等方式来多样化地了解教学过程的各个相关因素，特别是对于学生在教学活动中的身心发展水平或特点进行的评定与诊断，由此获得或深入、或大数据的相关因素分析依据和内在关联。

此外注重各种相关资料的采集、积累和及时分类、分析，都是获得研究数据的重要途径。同时因为研究，让教师在教学中的研究意识与改进、提高的意识更为明确，也直接带动了教学本身的改进。

例如，某校教师在开展"作业设计的有效性研究"时，所采用的收集研究资料的方式有：

——设计调查问卷来了解目前学生作业现状、教师作业设计情况；

——通过抽样确定调查的家长、教师、学生并进行家访、课堂观察、个别谈话、群体访谈等方式了解不同年级、成绩水平的学生作业现状并注重随时记录相关变化；

——针对中考科目的课堂教学进行录像并转换为文字实录，由上课教师自行进行分析反思；

——针对有关科目的教案设计与学业检测试卷进行"会诊"研讨；

——重点跟踪有关学科、教师、学生的作业内容与完成情况，及时统计记录；

——注意收集有关的文字、照片、录像、录音等资料。

上述研究资料的收集策略也让学校中的教师们更加意识到对于学生作业的意义、作用的重新审视，教师们重新定位作业功能，从时间、难度、差异、反馈等视角研究作业的自觉性也有明显变化。由此，研究促进教学改进，在教学行动中研究，显现出教学研究的实践价值。

解决研究问题

当研究实施到一定阶段，研究者需要对研究数据分析提炼后形成研究发现、问题解决、行动建议等，教研研究作为回答和解决问题的探索过程基本结束。这个过程，或者解决一个个具体、真实的教学难题，为教师的继续尝试奠定基础；或者在研究中研发新的思考，将研究问题引向新的发现，成为继续研究的起点和依据。可以说，针对教学活动的研究因"教无定法"而充满研究契机，总会以一个个问题串不断引起教师的教学审思，由此一系列的研究问题也就交汇在教学生活中，成为促进有效教学的现实承载物，通过教学问题的解决过程不断迈向有效教学。

【案例】教师围绕初中作文教学连续进行的三次改进与策略尝试①

第一次尝试：让学生掌握作文讲评四步骤。

布置作文，写作前的指导虽然很重要，但我觉得作文的评改更重要。既然作文

① 李萍．初中作文教学之行动研究．山东教育科研，2001(2)：59～62

本上的评语作用不大，那么干脆就“权力下放”，把作文批改放进课堂，设法引起学生对修改作文的兴趣。我设计了作文讲评课的四个步骤：(1)复习写作基础知识，回忆作文训练目标和作文指导要点。(2)习作展示。(3)学生讨论，指导优点，并提出修改意见。(4)作文修改。

第二次尝试：让学生书面记录评改意见。

尝试结果，学生反应热烈。他们在讨论中发现了不少优缺点，并能针对作文的不足提出许多较有价值的修改意见。被展示的习作通过修改，作文出色了许多。但经过几次讲评讨论课后，我发现：多数学生能积极参与讨论，但对自己的作文，除了订正错别字之外，基本上不做改动。其中主要原因是，除了被展示的习作之外，大多数学生没有书面记录，离开课堂后，就忘了修改要求，难以下笔修改。为此，我调整了作文讲评课的操作要求，让学生把对展示习作的意见用书面形式记录下来，并对照自己的作文，及时记录课堂上提出的可供自己修改作文时参考的意见。被展示作文的习作者针对别人的评判，可以做自我辩护或说明为什么这样写作。让学生在争论之中明确写作要领。

第三次尝试：让学生编好写作提纲。

指导策略的调整，在一些学生身上奏效，但还有不少学生只稍作改动，改观不大。究其原因，是学生对照写作要求，觉得相距甚远，修改等于重写，太麻烦。确实，对写作基础较差的学生，写一次已是不容易，重写更是头痛。为此，我开始强调写作前要精思，编好写作提纲。我了解到，大部分学生作文前没有计划，提笔就写，一气呵成，写到哪里算哪里。凭感觉写出来的作文，能勉强凑足篇幅，但很难写出好文章。起初，学生虽然编写了写作提纲，但作文的随意性还是很强。原因是多数学生的写作提纲是为了应付教师。为此，我把提纲的讲评与修改引入课堂。要求学生在课堂内修改作文提纲，检查提纲与题目是否吻合，并把提纲写具体。教师巡视，挑出较好的提纲作示范。经过几次训练，学生作文偏题情况大大减少，作文讲评讨论后的“修改工程量”大为减轻。

学生变得乐于动手修改作文了。

3. 教师有效研究的特点

研究促进教师专业发展，教师专业素养在研究中提升，注定了教师的研究充满专业性，也直接体现了研究置身于教育活动价值和意义的实现过程，是致力于学生发展的专业活动，是教学—研究—专业发展一体化的专业生活。综合一些研究，可以概括出教师有效专业研究活动的基本特点。①

(1)根植于学校背景。教师的专业研究活动关注学校教育实践中的“真问题”，

① 周南照等．教师教育改革与教师专业发展：国际视野与本土实践．上海：华东师范大学出版社，2007：338

试图在具体的学校教育背景中为问题的界定和解决赋予实际的意义。

(2)持续进行。教师的专业研究活动不是一次性的、孤立的，而是前后衔接、持续进行的，较好地实现了“日常化”的专业活动与发展的结合。

(3)目标明确。教师的专业研究活动目标是专题性“聚焦”，有针对性地解决问题，促进教师(作为个体或作为群体)某方面较明显的转变，成为共同参与、分享、研究的过程。

(4)采取“大愿景、小步调”策略。教师的专业研究活动既不失长远追求，又务实细节改进，在处理两者关系中展开。

(5)具有参与性和合作性。教师的专业研究活动既有机会参与问题的确定与解决，也有机会反思与分享，尝试运用所学重塑观念和实践。

二、校本教研——基于有效教学的行动研究

2002年12月教育部颁发的《教育部关于积极推进中小学评价与考试制度改革的通知》提出，“学校应建立以校为本、自下而上的教学研究制度，鼓励教师参与教学改革，从改革实践中提出教研课题；学校应有归纳课程、组织进行教学研究的能力，有促进教师专业发展的规划与措施”。这是第一次提出学校应建立校本教研制度。2004年3月教育部正式设立“创建以校为本教研制度建设基地”项目，陆续在全国设立80个国家级校本教研基地，校本教研制度真正开始推广。随着我国基础教育课程改革的深入，“校本教研”作为一个高频词，逐渐从注重制度建设转向深入聚焦课堂教学实践的研究。以学校为教学研究的基地，以教师为研究的主体，以解决发生在学校现场的教学问题为目的，以教师个人、教师群体、教育专业人员的研究参与为途径的校本教研所体现的求真务实、回归本质的实践研究取向更加突出。有研究将校本教研的基本理念概括为如下几项内容。

(1)“为了教学”，即研究的目的不在于验证某种教学理论，而在于改进、解决教学中的实际问题，提升教学效率，实现教学的价值。

(2)“在教学中”，即研究问题是教学中的现实、真实的问题，研究在教师自己课堂中发生的教学问题而不是别人的问题。

(3)“通过教学”，即研究问题的确定和解决过程与日常教学相融通，研究不是游离于教学活动之外。

(一)校本教研的基本途径

校本教研，无论作为一种教学研究活动，还是作为一种教学研究机制，其直接目的都是为了改善学校实践，提高教学质量，促进教师和学生共同发展。而教师个人、教师集体、专业研究人员是校本教研的三个核心要素。教师个人的自我反思、

教师集体的同伴互助、专业研究人员的专业引领是开展校本研究和促进教师专业成长的三种基本力量，也是交织着沟通推动教学的自觉改进。PDCA 循环模型(见图3-3)就是体现校本教研有机运行促进教学实施的一个代表。[①]

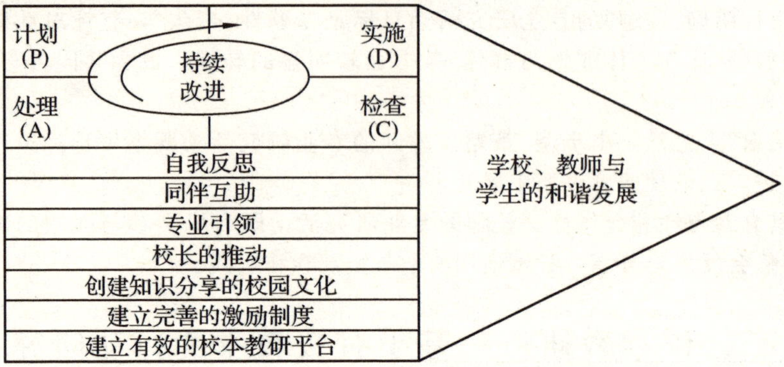

图 3-3　校本教研持续改进的 PDCA 循环模型

1. 自我反思

成人学习理论的研究证明，成人学习的一大特征就是自主学习。教师作为成人学习者，往往会基于自身的工作经验、工作需要以及遇到的问题而进行自主学习。在教学研究中的自我反思，常常是以教师的自我对话、对自己的教育行为进行思考、审视、分析。由此，教师可以发现自己关注的教学问题，确定个人教研进程和学习计划，自行学习和对自己教学行为进行有意识的分析与调节。通过反思，教师的教学理解、教学行为与教学质量不断改进，也不断形成自己对教学现象、教学问题的独立思考和探索。

新课程教学实施中教师的自我反思，按教学的进程常常划分为教学前、教学中、教学后三个阶段。教学前的反思突出预见性，显示教学成为教师的一种自觉的专业实践所具有的教学预测和分析能力；教学中的反思突出生成性，显示教师敏锐的调控和应变，在教学过程中的跟进与监控能力；教学后的反思突出批判性，显示教师对于教学系统过程的整体理解和动态总结与评估能力。可见，自我反思，是教师把自己作为研究对象，研究自己的教学观念和实践，真正成为教学、教学研究的主人。大量的教学实践证明，教学与研究相结合，教学与反思相结合，不仅有助于教学质量的提高，也可以令教师感受教学的意义、价值的升华和情感的愉悦。由此，教师成为反思性实践者。

① 杨凌芳．基于 PDCA 循环的校本教研持续改进模型探讨．教育实践与研究，2006(2)：22～24

【案例】英语教师对于在教学中感觉学生的词汇学习枯燥无味而进行的思考、学习和教学尝试①

首先是教学中的困惑与问题。该教师感觉到，“现在的新教材词汇量大，单词长，生僻词较多，自然也就增加了难度，但又必须让学生掌握，否则难以适应新教材的要求。那么我们该采取什么方式来教学单词呢?”

其次是思考与设计。该教师坚信“能够引起学生学习兴趣的方法就是最好的方法”。并通过学习进一步认为：“拼图法、数字游戏、单词接龙游戏、小歌诀、顺口溜等传统教学方法并不过时，教师再辅以现代化的教学手段，借助图片、幻灯片、动漫等手段，真正达到重情景、重趣味、重运用，使单词具有语言的意义，使其在特定的语境中被引出，这样既便于学生理解，又印象深刻，从而达到学以致用的效果。”

最后是教学中的改进与实践。该教师在自己撰写的反思总结中谈道：“为了解决在单词教学中变单一为多样，变死板为生动，我在教授单词的过程中十分注重单词的使用语境，如在教授 cook 和 cooker 这两个单词的时候，我分别出示了几张图片(一些厨具和两位厨师)，让学生通过对图片的直观感知，从第一印象开始就对他们有一个清晰而明确的认识，从而避免了对这两个词汇的混淆。然后再通过‘he is a good cook, he has a lot of cookers.’这样的例句加深学生对它们的理解和运用。又如在学 dessert 这个单词时，同时给学生出示 desert 这个单词，这样在今后的学习中不仅不会混淆，还拓展了学生的单词量。”此外，该教师还注重了对单词的检查，“每天在课前把学生的名字都放在一个小的瓶子里，第二天上课时用抽签的形式进行单词的检查，这样收到了很好的效果”。

在指导学生学习英语单词方面，该教师以教学行动的自我调节解决了“班里学生不背单词的现象”，也真切体会到了“我们如果能在课上吸引孩子们的兴趣，再加上适当的检查，相信一定会收到好的教学效果的”的可行性。

教学中教师的自我反思对内容、方式、过程必定是来自自己的教学思考，一次外出学习、一个专题报告、一个课堂中的现象、一个学生们的学习反馈等都可能带给教师触动、感悟、体验，都有可能成为教师进行反思教学的起点。而教学反思的经常性，是教师的教育意识的一种专业“本能”，让这一“本能”成为教师的自觉行动，需要教师自行建构起“实际体验—观察反思—形成新理解—行动改进”(见图 3-4)②的整体关联。无论从哪一个环节入手，只要教师的教学反思经历了这一完整过程，就会促进教师自己关于教学的学习、变化和成长，引发更有助于学生学习的教学变革。因此，教师的自我教学反思，直接折射出教师的专业信念与行动自觉。

---

① 马玉玲．初中英语教学反思与案例分析．参见 http://gxpx.cersp.com/article/browse/486688.jspx(有改编)

② [美]D. A. 库伯．体验教学．王灿明，朱水萍，等译．上海：华东师范大学出版社，2008：23

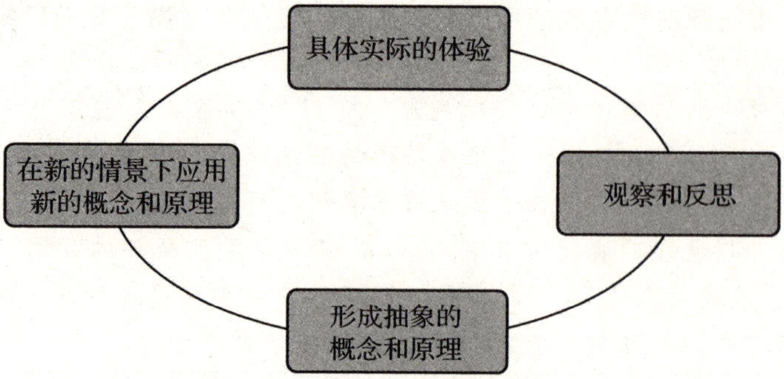

图 3-4 勒温的体验学习模式

2. 同伴互助

教学活动的个体性与集体性的结合，必然显现教学团队的相互合作与对话交流。以教研组、备课组、课题组等异质性、同质性教师群体为主体的相互支持，增进了教师与同伴间的对话，共同分享经验，互相学习，彼此支持，共同成长。

如有学校开展“坐庄式”校本教研。即教师轮流“坐庄”主持一期主题教研活动。每学期期初，教师围绕自己的专长，选择一个主题展开深入研究，并形成文字与演示文稿，学校根据教师的主题安排具体时间。由于任教学科与自身知识结构的差

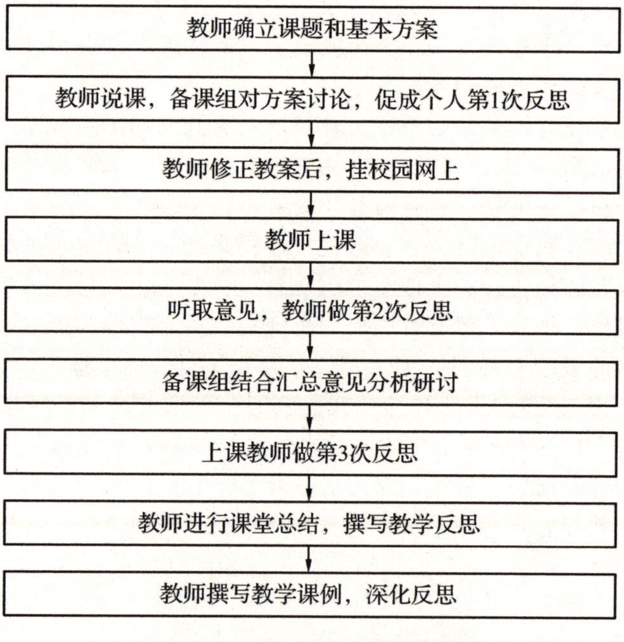

图 3-5 “同伴互助”教研的思路

异，每个教师都有自己专长的领域，使“同伴互助”成为可能(见图 3-5)。[①] 又如有学校以教研组的专题研究作为教研活动的基本组织保障和实施载体。不同教研组以自己的关注问题展开周期性、主题性活动。

总体来看，学校中常见的同伴互助形式主要有以下几种。

(1)帮扶式同伴互助。主要是由学校出面组织，利用学校的骨干教师来帮扶新教师，采取诸如青蓝工程、师徒结对等方式，促进新教师快速成长。值得注意的是，尽管这种帮扶式的互助多是老教师对新教师的指导帮助，但是教育的互动性特点，也会让老教师从新教师身上获得启示和带动。因此，有效的帮扶式同伴互助，应当追求一种“教学相长”的互助学习、共同发展的“双赢”成效。

(2)对话式同伴互助。这也是教师之间最为灵活、最不受时间空间、话题限制的教师同伴交流方式，也是体现成人学习的“偶发性”特点的同事间的相互学习。教师之间往往是“三句不离本行”，只要在一起，就离不开教育学生、管理班级的话题。这些话题可能是教师中共同存在的问题，也可能是某位教师遇到的一个突发问题的处理，还可能是一些社会中的热点问题的探讨。虽然这些谈话没有主题，甚至可能没有中心，但却是教师的专业理解、经验以及思想的流淌和分享，会直接迁移到不同教师的教育工作之中，帮助教师增加教育和管理经验以及提高对于热点问题的理解和评价。教师不可忽视日常生活中与同事的即时交谈，要随时汲取专业智慧的滋养，丰富和提高自身的专业修养；同时乐于与同事分享自己的经验和思想，让彼此在专业探讨、思想碰撞中共同提高。

(3)专题式同伴互助。这种交流多是一种有计划、有内容、有时间、有地点的较为规范的教师合作学习活动。在实际工作中，这种形式也是最有效、最正式的教师专业学习活动，多体现为诸如教研组、年级组、备课组、班级任课教师组、骨干教师小组、青年教师小组等不同层面、不同人员参与的教师研讨和学习。这种学习需要有专门的人员负责组织，需要在调查学习需求的基础上共同确定学习计划，在学习之前都要做好学习准备以利于在活动中积极参与。

总体来看，同伴互助是一种典型的依托教师群体相互支持的专业活动，是同事之间合作开展的协作性反思。在今天，既是学校开展校本培训的重要形式，也是教师加强合作、共同发展的有效策略。有效组织同伴互助，可以突破学校中教师之间的相互隔绝，形成相互协作、相互支持、相互促进的教育研究氛围，有效地促进教师在互补共生中成长。

3. 专业引领

专业引领是指在教师专业发展中，具有教育理论、研究与实践专长的人员通过他们的教育理念、思想、方法和经验来引导和带动学校教师开展教育实践探索和研

① 张民树．在“坐庄式”校本教研中成长．江苏教育报，2012-09-12

究，促进教师专业发展，促进学校内涵发展的专业生活形态。其实质是围绕教育、教学展开的理论、经验与实践的对话，是教师作为专业人员共同经历、参与的教育理论、经验与实践的关系重建。

专业引领中的专业人员主要指课程专家、大学的研究人员、教研人员、学校的骨干教师等。而研究活动的展开，并不是指导者一方的单向信息传输，而是与教师双向信息的传递和共振。只有建立在平等合作、民主对话基础上的优势互补，通过互相交流、互相启发、互相碰撞产生火花，活动才能促进参与各方人员的共同成长。

围绕学校教学活动的有效实施，专业引领的主要表现形式有学术报告、现场对话、专题研修班、课题指导、合作研究等。

(1)学术报告。有关专业人员走进学校，围绕课程与教学的热点、难点问题进行专题讲座，以此帮助教师开阔教育视野，扩大教育信息量，把握教育发展的潮流和趋势，了解改革与发展动态，帮助教师形成新观念，树立新理念。由于这种形式多是“一人讲，大家听”的做法，尽管在短时间内集中提供了大量信息，但是相对而言教师是被动接受的状态，难以了解教师的学习收效。因此，这种方式的学习需要与跟进式学习研究的措施和做法相结合，在专业引领与教师的原有经验之间建立起自觉的联系，激发教师研究与思考的积极性。

(2)现场对话。有关人员走进教师的常态课堂教学或教研生活之中，结合教育现场中发生的教育情境、事件、过程，与学校教师进行面对面的体验、观察和深度交谈，以此帮助教师解决教育实践中的困难和问题。现场对话是大家一起面对面的交谈，气氛宽松，反馈及时，针对性强，因此是一种深受教师欢迎的教育研究方式。在对话过程中，所有参与者可以根据自己感兴趣的问题和从研究需要出发提出问题，回应问题，共同在思考和交谈中寻找解决问题的方向和入手点。这种平和、对话、协商的活动方式本身对于教师的日常教育教学就具有一种示范引领作用，让教师在体验对话、合作、交流中，不仅获得了解决问题的启示，也学习到创设平等、参与的学习氛围的可能性与可行性。

(3)专题研修班。这种方式或是以学校为单位或是以片区为单位，结合专门的教师群体的教学研究需要，以专门的主题和任务为载体，邀请有关专业人员担任指导者、培训者，组建的教师集中研究学习班。在这样的组织中，教师有机会系统地学习有关教育、教学、管理、科研等方面的知识、方法，体验到多种学习方式，并通过学习扩大教师的人脉关系，拥有更多的教育同伴，也为继续获得专业支持积累专业资源。通常，教学专题研究也是校本培训、区域教研的主要方式。

【案例】某师范大学与某县教研部门合作开展初中语文教师教学专题研修

在以一个学年为周期的大学与教研部门的合作中，以“让语文课堂充满教育意义”为主题，以该县初中学校的校级骨干教师为参与人员，以大学的语文课程与教学教师团队为指导者，陆续围绕“语文教师专业发展探讨、语文课程的整体理解、语文教材的分析把握、语文课堂教学设计、语文的学业水平测试研讨、语文现场研究课、特级教师对话引领、参与式学习交流”等具体内容，组织了多种教学研究活动。教师在一年多的系列化教研活动中不断交流、实践着语文课堂的有效教学。

(4)课题指导。围绕学校或教师的课题研究邀请有关人员参与研究课题的开题论证、中期检查、成果鉴定等活动，借助专业力量指导学校教师开展教育科研。

(5)合作研究。教育研究的实践转向让教育理论充满实践意义，教育实践回归理论自觉，越来越多的专业人员走进基础教育的实践现场，走进课堂教学之中，与一线教师共同携手面对、研究教育真问题。其中大学与中小学校建立起的伙伴合作关系，结成教师研究实践共同体，探寻教育的本源与价值，已经成为一种较为普遍的研究方式。

苏霍姆林斯基曾说：“如果你让教育的劳动给予教师快乐，使天天上课不至于成为枯燥乏味的义务，那你就引导教师走上一条从事研究的幸福道路上来。”作为班主任教师，走上专业发展的道路离不开教育的研究与思考。只有在教学实践中不断地省思、探索，教师才能以自身的专业修养和专业能力让教学成为学生全面而又个性发展的学习舞台。而“自我反思、同伴互助、专业引领”三者具有相对独立性，同时又是相辅相成、相互补充、相互渗透、相互促进的。只有三者有机结合，才能成为学校立足教学实践，加强教学研究，促进有效教学的有力保障。

(二)教研活动的常见模式

1. 课例研究

校本教学研究从本质上说是一种行动研究。以“课”作为研究载体，通过专门讨论、情境设计、行为反省等行动，实现教师与教师、教师与研究者的合作研究，就是课例研究。课例研究包括原行为、新设计、新行为三个阶段，其间有两轮在寻找差距中的反思与调整。教师通过对一个课例的全过程研究：首先是以教学的“已有行为”为起点，在自我反思、审视或同伴互助的反思、对话中，找出已有行为与新理念、新经验的差距，进行理念与行动的内在转化与更新；其次是在此基础上修改原来的课堂设计，再次到课堂去实施；通过教师与研究人员的观察、讨论，对第二次设计及其实施情况再进行反思，寻找差距，第三次做出调整与设计。在“实践—反思—再实践—再反思”的持续过程中实现教学质量的螺旋式上升，从而实现学生的有效学习。

无论是多人同课、一课多轮、同课异构等不同内容、方式的课例研究，还是备课、观课，或是评课、改进，都以问题解决为中心展开，体现课例研究经常化，教学活动研究化，以研究引领教学(见图 3-6)。①

① 专题讲座：课例与课例研究．参见 http：//xbyj. e21. cn/e21web/content. php? id＝22115&col＝

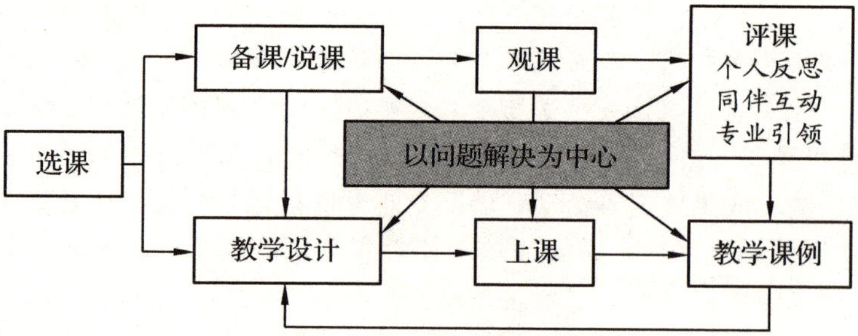

图 3-6　课例研究基本流程

2. 联片教研

联片教研活动，是基于地理位置、学校现状、管理水平、教研能力、教学质量等方面的情况，以片区为单位，以学科活动为依托，发挥各校教师优势，多层面开展的教学研究活动。一般来说，联片教研是不同学校的教师围绕共同关注的教学问题进行研究合作，相互开放、相互交流、共谋发展的一种教研模式。受学校规模、研究资源、参与人员等条件的制约，相邻学校、同一区域学校的有关教师会采取教研联动方式，进行跨校教研活动，如公开课、研究课、学科教学交流活动、学科教学展示评比等。在农村学校布点相对分散的地区，也可以利用这种联片教研的形式。

【案例】某区教研室开展半日多学科联片教研的活动安排

1. 参加人员

区教研室领导、各学校业务领导，各学校有关学科的教研组长及本学科骨干教师。

2. 时间

4 月 11 日上午

7：50 前　在一中签到

8：00—8：45　第一节听课

8：55—9：40　第二节听课

其中：××中学承担物理、化学、生物 3 门学科研究课；

××二中承担思品、历史、地理 3 门学科研究课；

××十三中承担数学、语文、英语 3 门学科研究课。

3. 分学科研讨

10：00—11：00　各学科主持人负责组织、记录

参与教师自由发言、交流

(1)自主整理，形成发言提纲。

(2)执教人围绕教研主题简要说课。

(3)参与者围绕教研主题评课、议课。

(4)教研室负责人指导小结总结。

(5)主持人收集参与者发言提纲，整理记录。

4. 专家引领

11：10— 特邀专家结合听课与分学科研讨进行点评指导
各学校业务校长交流经验

有效的联片教研，需要从领导、机制、内容、引领等方面有序设计和实施。

(1)参与学校的校长、区域的教研部门都是联片教研的直接组织者、引导者，需要积极策划和沟通协调，找准问题，找准教研提升的入手点。

(2)搭建区域、跨校教研机制，在时间、地点、人员、内容、效果、资源等方面充分分析，确保教研措施的落实，提高教研水平。

(3)确定教研目标与内容，根据学科、基础、经验、优势等设计活动方案，以个人反思、同伴互助、专业引领等途径，提高教师理解课标、把握教材和研究学生的能力，提高教学质量。

(4)突出专业引导，增进研究蕴含的研究深入，同时在教研活动中不断培育出更多的专业型教师。

3. 教育社团、协会、机构与学校合作的研究共同体

伴随着基础教育教学改革的深化探索，不少跨校、跨地区的社会团体——各级教育学会、中青年教师研究会、学科教学研究会、特级教师沙龙等，分别以不同方式与学校教师开展教学合作研究，为学校提供教学支持。而我国教师教育的开放性、一体化、实践性的政策走向，让更多高等教育院校与中小学校合作，结成伙伴合作的教育研究与实践共同体，以项目合作(学校和专业机构共同承担某一个重点项目的研究任务，学校可以成为其中的实验点，承担其中的子项目研究工作)、基地合作(中小学成为科研机构或高校的基地学校和项目学校，专业机构提供学校一定的专业技术和帮助)等方式推进实践研究，促进教师发展。

20世纪70年代以来，兴起于美国、英国等国家的大学与中小学结成伙伴，共同协作研究、探索中小学教师专业发展和学校改进等问题，在全球教育研究领域产生了越来越重要的影响。在我国，进入21世纪以来，大学与中小学的伙伴合作(简称U－S合作)逐渐成为我国不少高师院校与中小学合作开展教育研究、促进教师发展、促进质量提升的重要策略。例如2001年，首都师范大学的教师借鉴美国PDSs的经验开始与中小学合作建设“教师发展学校”(Teacher Development School，TDS)，并提出了建设教师发展学校、促进教师专业发展的一系列主张。① 随着合作的不断深化，大学与区域基础教育发展合作(U－D合作)、与一些学校建立起群体

① 王长纯．教师发展学校建设标准参考纲要．教师教育研究，2005(4)：3～8

发展合作联盟(U—D—S)的教研研究实践共同体愈加丰富、活跃。

以首都师范大学在U—D合作中促进教师发展为例，需要关注教师日常生活的真实现场——学校。教师教育理论越来越显现出对于学校具有的教师发展功能的回归。要促进教师的专业发展，不可以忽视学校所具有的作用；也只有深入到学校之中，教师发展才是具体的、真实的。依托区县的“教师教育基地”学校的建设，改变了以往教师仅仅坐在“培训课堂”中进行学习、接受培训的状况，把集中研修拓展至中小学校、延伸到参加研修教师自己的课堂。进而发挥这些学校、教师的积极影响力，带动周边学校、周围教师行动起来，使更多中小学校和教师受益。

【案例】首都师范大学与北京市顺义区的教育合作

近几年首都师范大学先后在顺义区建立了十余所中小学“教师教育基地”学校。依托首都师范大学顺义教师教育基地，U—D双方定期协商举行活动，陆续在不同的学校分别举办不同学科和领域专家参与的现场教研活动与专题辅导讲座。有的学校举办了物理学科的系列集中教研，有的学校举办的是语文学科的系列集中教研。每次活动，都有周边学校的相关学科教师一起参与。这样的研讨学习活动，更大范围地辐射、带动了更多学校的教师融入教学研讨，也让专家资源为更多学校的教学研究和教师发展服务。同时，这些基地学校，不仅可以服务于周边学校及所在学区教师专业发展的实践探索，还可以为大学的师范生的职前培养——见习与实习活动提供机会。由此，大学与区域的中小学教育合作因双赢而更为持久、有效。

4. 网络教研

随着“用技术增进学习的机会”“运用技术的教与学”愈发成为学校教学变革的方式，数字化的教师学习方式也日益普及而产生一种系统的、崭新的教研模式。最初是由一些教师和教研员零星、自发、分散地利用网络来进行个人化、小范围的教学交流与资源共享；后逐渐发展成以学校、区域、学科等为范围的有组织的、较为系统的教研活动。活动因有参与人员的多样化、跨时空、规范化的不断强化成为日常学校教研的补充。

网络教研从组织主体看，可以包括：教师个人发起的草根式网络教研；学校发起的校本网络教研；地方各级教研部门发起的集中网上教师培训与研究活动。近年来，国家和地方组织的教师培训活动也常以网络学习为基本方式，让教研、培训有机结合在一起。

(1)网络教研有助于解决教师的工学矛盾，可以不受时间、场地的局限，教师的自我反思、参与学习可以根据自己的需要、习惯、基础自行选择和安排。

(2)网络教研不受地域局限，教师可以与更广泛的同伴、专业人员开展交流研讨，拥有更多的合作伙伴。

(3)网络教学能够立体、高效地传输信息，教师可以在其中借助丰富的声音、文字、图形、图像信息安排学习，分享成果。

随着通信手段的逐渐丰富，当人与人的沟通已经被紧紧握在“手中”的时候，网络博客、微博、微信、QQ、飞信都成为教师之间即时、即兴，随时、随地进行教学沟通、交流的途径。坚持体现目的性、持续性、反思性、行动性、专业性的研究特质，是这些活动促进教师专业发展、促进教学改进的核心要素。同时，毕竟教学是一种直观感受、深切体验的人与人的互动与对话活动，教学研究也往往会因教师之间面对面的交流、研讨而在情感、认同、欣赏、感动、体验上触动每位参与者，而这是网络教研难以实现的。从这个意义说，网络教研需要与其他各种真实的、现场的教研活动共存。

【案例】首都师范大学与北京市顺义区杨镇二中合作开展校本培训

北京市顺义区杨镇二中是一所创建于1987年的初中校，在参与首都师范大学在顺义区启动的优质学校建设项目后，学校领导经过多次研讨，一致认为：教师对自我认识和学校发展机遇存在误区，从而导致教育教学行为上不信任学生，不敢放手让学生主动参与的现状。要改变这种现状，就要先转变学校领导、教师对自己的固有认识。经过与项目组专家研究讨论，学校确定了第一次教师培训活动的主题：“重新发现自我，拥抱发展机遇”。这次活动由首都师范大学专家亲自主持。这是杨镇二中校本培训历史上第一次教师全程参与式的培训活动，因而对该校校本培训来说具有里程碑意义。专家们带来了参与式培训的理念与新的方式。自此之后也拉开了杨镇二中全员参与主题式校本培训的序幕。

从2009年7月到2011年7月两年四个学期，在项目组的帮助指导下，学校的校本培训活动不断跟进和完善，形成了系列主题培训模式。不仅每年培训有大主题，而且在一年当中还分着不同的小主题，以教师的专业发展为主线，以教师论坛、沙龙活动为研修模式，以教师在教育教学实践中遇到的各种问题为主题，以个人经验介绍、研讨论辩和专家点评为主要内容开展系列专题的研修活动。两年中，大学校本支持专家不断跟进学校发展，引领学校发展方向。

2009—2010第一学期，学校设计了“重新发现自我，拥抱发展机遇”为主题活动的校本培训，目的是引发教师认识自我，激发教师发展热情。在此基础上，2009—2010年第二学期，又设计了以学校的市级课题可持续发展教育为主线的教师培训——“探索有效途径，推进可持续发展”。2010年上半年学校又把培训引向管理层面，开展了“干部培训先行，教师培训跟进”的系列培训活动。2010—2011年第一学期，结合学校的课程改革实验，杨镇二中又开展了“改变教学方式，探索教学模式”的实践式研修活动，教师们在编制导学案、研究教学模式、小组合作等方面开展了全方位的研究和探讨。2010—2011年第二学期，学校又将活动的主体还给教师，由各年级和教研组策划和组织校本培训活动，这一举措带给了学校校本培训活动新的生机。

总之，通过这两年的系统培训活动，杨镇二中教师在教育理念上有了升华，行动上有了方向，落实上有了目标。在首都师范大学专家持续跟进引领下，完成了系列化的校本研究与培训活动。

【案例】“教师个人专业发展规划表”举例

▲我的基本信息

姓　　名		性　　别		出生年月	
籍　　贯		民　　族		党　　派	
最后学历		职　　称		职　　务	
教　　龄		班主任年限		任教年级	
自我剖析（明确优点、找出不足）					

▲ 我的发展目标

1. 总体发展目标					
职称目标		A. 一级教师	B. 高级教师	C. 名教师	
师德目标		A. 学校先进德育工作者	B. 镇师德标兵	C. 县先进德育工作者	D. 市先进德育工作者
教学能力目标		A. 校骨干教师	B. 镇骨干教师或学科带头人	C. 县骨干教师或学科带头人	D. 市、省骨干教师或学科带头人
班主任能力目标		A. 学校优秀班主任	B. 镇优秀班主任	C. 县优秀班主任	D. 市、省优秀班主任
2. 专业理论学习目标(可以多选)					
自学理论书籍	共　册	A. 教育理论　册		B. 学科知识　册	
教师专业培训		A. 职务培训	B. 专业培训	C. 校本培训	D. 其他
3. 教育教学发展目标(可以多选)					
公开教学		A. 校级	B. 镇级	C. 县级	D. 市级
教学比武		A. 获街道级奖	B. 获县市级奖	C. 获地市级奖	D. 获省级奖
指导学生竞赛		A. 获镇级奖	B. 获县级奖	C. 获市级奖	D. 获省级奖
指导培养教师		A. 见习教师	B. 初级教师	C. 中级教师	
校本课程开发		A. 0 门	B. 1 门	C. 2 门	D. 3 门
学生满意度		A. 60%以上	B. 70%以上	C. 80%以上	D. 90%以上

续表

信息技术		A. 网络应用	B. Office 和 Excel 应用	C. 个人网页	D. 建资源库
教科研论文或案例		A. 镇级	B. 县级	C. 市级	D. 省级或国家级
教科研成果		A. 镇级	B. 县级	C. 市级	D. 省级或国家级
4. 阶段目标					
本学年度第一学期					
本学年度第二学期					
我面临的困难和挑战					
我希望学校给予的帮助					

【案例】"3—3—3—2 模式"骨干教师研修方案

背景：农村骨干教师数量相比城市要少，他们勤奋肯吃苦，普遍负担较重；缺少展示机会，专业交流途径较窄；不少人自信心不足，潜质开发不够充分。本研修方案针对农村骨干教师的这些特征，设计出适于农村骨干教师培训的"3—3—3—2 模式"，并在实施中自觉改进。"3—3—3—2 模式"包括如下几个方面。

研修目标："3 个善于"。

提出"善于教学，善于研究，善于引领"的目标，全方位地描述了骨干教师培训的目标维度，特别突出了骨干教师应具有的"引领"作用。作为骨干教师，除了自身应成为教育教学的合格教师之外，还应具有引领其他教师一起发展的角色定位，发挥辐射作用。研修目标中特别强调"善于引领"，充分体现了农村骨干教师培训的独特性，突破了过往的骨干教师培训单纯重视自身素养和能力提高的价值观和一般培训模式。

主体课程："3 个模块"。

在课程设计上，分为理论学习、教学实践与教育科研 3 个模块，下设 4 个专题，即理论学习、教学研究、论文撰写、课题研究。

“理论学习”的主要内容是研读与教育教学相关的经典理论著作，方式是专书阅读、分工讲解、共同研讨。

“教学研究”专题着眼于学员课堂教学质量的进一步提升，方式是借助交流课、展示课和自我反思推进。

“论文撰写”主要是在原有论文或选题的基础上，安排首都师范大学专业导师一对一指导，以撰写论文为载体，提升教育科研论文写作能力。

“课题研究”是针对已有市区级以上课题立项的学员设计的，帮助他们解决研究中的问题，以熟悉教育科研并不断提高研究水平。

这是基本模块和专题，视研修班对象的实际情况会有微调。但实践证明，这样的课程内容能够基本满足骨干教师专业化持续发展的需要。

基本方式：“3 个结合”。

必修与选修相结合，集中学习、导师指导与学员自学相结合，培训与引领展示相结合，这是本成果创设的基本培训方式。实践证明，这样的方式给予了学员较大的自主时空和选择时空，对缓解工学矛盾有重要作用。其中“培训与引领展示相结合”即在培训过程中，学员作为骨干教师不仅要参加学习，还要发挥引领作用，借助培训班搭设的平台展示教育教学风采，体现骨干教师培训的特点，形成引领自觉。

效果考量：双关注——关注“显性”成果，重视“隐性”价值。

如何考量培训效果？实践证明，简单以一篇论文或一篇教学设计为考核内容是难以确认培训目标是否实现的。对于在职教师培训来讲，如何考量培训目标是否达成，即是否获得满意的效果，是一个难题。其难在有意义的培训给予接受培训者的影响并不一定全部立刻显现出来，它需要一个咀嚼—消化—吸收乃至反刍的过程，因为有意义的培训所产生的影响应该是深入学员骨髓、渗入其血液的，具有持久发酵的作用。因此，考量培训效果，不仅要关注显性的成果，也要注重隐形的“精神满足”和“内心存在”。工学矛盾一直是在职教师培训的瓶颈性问题，尤其是骨干教师。本成果在关注培训的“隐形”效果上做出了探索和努力，鼓励各学科培训追求这样的效果：以“解决真实问题”为驱动力，以着眼营造“学习场”来凝结学员，使学员期盼培训日，留恋培训过程，结业后依然保持与导师的联系并不断求得继续帮助，将培训作为自己一种“乐而为之”，最终发生超越自我的变化。

“3—3—3—2 模式”从实施效果看，对如何发挥农村骨干教师示范引领作用和缓解农村骨干教师参加培训的工学矛盾两个方面具有开创性价值。